最強の神様100

八木龍平

ダイヤモンド社

はじめに

あなたに力を貸してくれる神様は必ずいる!!

本書を手にとってくださり、ありがとうございます。

この本を開いたあなたは、

「最強の神様、教えて！」

「開運、もちろんしたい」

「どんどん願いを叶えて人生を充実させたい」

「最近、神社とか神様にハマっていて、もっと知りたい」


そんな興味や関心をお持ちかもしれません。同時に、

「神様のことはよくわからない。名前も覚えられないし」

「神社に行っても、そんなにいいことは起こっていない」
「本当の願いを祈るのは気が引ける。どうせ無理だし」
「たくさん神社に参拝したけれど、何も変わらない」

など不満や課題もあるかもしれませんね。もしそうなら、本書はきっとお役に立てます。

・あなたに力を貸してくれる神様はどなたか？
・どんなときに、どうしたら力を貸してくれるのか？

本書は明確な答えをあなたに提示できるでしょう。

私は大学院生のとき、初めて自分で神頼みをしました。当時の私は、文系出身であるにもかかわらず、会社を辞めて27歳で理系の大学院に進学しました。周りの会話は当然ながら意味不明。さらに無謀にも博士後期課程に進学したら、他の同級生は修士論文A判定なのに、私はB判定でした。

「このままじゃ失敗する。これはやばいぞ」

博士になって研究職に就ける可能性は25％程度。博士を目指す大学院生の現実です。

私は願いがすでに叶ったかのように、紙に書きました。

「博士号を3年で取れました！」
「大学か大手メーカーの常勤職に就職できました！」
「学会で表彰されました！」

そして、近所の神社に参拝するようになりました。それまで初詣に大手の神社へ行くだけでしたが、なにせ追い詰められています。紙に願いを書くだけではなく、その願いを神様に伝えたくなったのですね。

「もし何とかできるなら、神様、何とかして！」

周りが知ったら、痛いやつと思ったかもしれません。しかし、そんな2年半を過ごしたら、願いは全部叶ってしまった！ 自分でも驚いたし、実力だけでは説明できない結果でした。

たとえば、内定が決まった大手メーカーの研究所は、東大の博士が就職するような難関企業。しかし、「他に受ける人がいなかった」ため、就職できました。研究所の採用は研究テーマごとの募集で、どれもハイレベルな競争ですが、私の受験した研究テーマは他に誰も受ける人がいなかった。結果、あっさり採用されたのです。「そんなうまい話ってあるのか!?」と、ラッキーに感謝するより、首をひねる思いでした。

願いを紙に書き、近所の神社で神様にその願いを伝えていたら、ラッキーが起こった。

これは**「神様のはたらき」**ってやつなんじゃなかろうか。

（神様が本当にいるなら、すごいことだぞ）

大手メーカーの研究所に就職し、プロの科学者としてのキャリアが始まったと同時に、私は密かに神様研究もスタートさせました。秘密の研究です！

正しい神頼みの方法がある

秘密の研究でわかったことがあります。

「神頼みは、神様のことを知らないと始まらない！」

あなたは、そもそも「神様」にどんなイメージをお持ちでしょうか？

神様がどんな存在かわからなかったら、適切な頼み方もわからないですよね。

初詣に7割近くの日本人が参拝する割に、神様のことはよく知らないし、皆さんが持っているイメージもバラバラではないでしょうか。

宗教によって神様は異なりますので、次に紹介するのは、日本において、古代より認識されていた神様だとご理解ください。

神様には、大きく分けて2種類あります。

ひとつは、自然です。太陽、月、風、山、海、岩、土など。

もうひとつは、ご先祖様です。お亡くなりになった人たちですね。


この自然信仰とご先祖様信仰がくっついたのが、日本の神社であり、日本神道です。

「神様」というと、自分には関係ない、遠い存在と思われる方もいるかもしれませんが、そんなことはありません。**実は神様はものすごく身近で、皆さんは日々接しています**。ただ、神様だと認識していないだけなのですね。

神様なんていないと思う人も、太陽や月やご先祖様の存在を疑う人はいないでしょう。

ご先祖様が神様なら、あなたも私も死んだら神様。この世は神様予備校ですね！


「ふーん、で、どうやったら神様のご利益《りやく》を得られるの？」

そんな声が聞こえてきました！　金運が上がるとか、縁結びだとか、厄除けだとか、ありますよね。本当にそんなのがあるの？　あるんだったら、得られる方法、早く教えて！

と思いますよね。

その方法は、神様の性質をよく知ること。ご利益を得る仕組みを知ることです。

本書『最強の神様100』は、**神様のご利益を十分に受け取り、もっとラッキーな毎日にしたい、充実した人生を送りたい、この社会をもっと良くしていきたい**と願う人たちのために書きました。

「最強の神様」なのに100もあるのは多すぎと思うかもしれません。

「最強は私ひとりで十分だ！」はドラマのお約束ですし、宗教でも神様はひとつしか認めないキリスト教、イスラム教、ユダヤ教といった一神教がポピュラーです。

でも、人間の悩みはひとつじゃありません。人により違うし、年代によっても違う。性別や立場によっても違うでしょう。

大学院生のときに私が参拝した近所の神社の神様は「ニニギ」というお名前でした。当時はお名前を聞いても「?」でしたが、30歳にもなって無収入だった生活力のない私にはぴったりの神様でした（くわしくは本書の「ニニギ」の項をお読みください）。

神様100の中に、あなたの状況にぴったりな神様がきっと見つかるでしょう。

逆に「100は少なすぎる」と思う方もいるかもしれません。日本の伝統は「八百万《やおよろず》の神様」。すべてのものに神様が宿るので、100どころか、800万と言いたくなるほど、たくさんの神様がいらっしゃいます。

だから「厳選」した「最強の神様100」なのです。

本書では、最強の開運者だった天下人たちが力を借りた「ある時代に最強の神様」をご紹介しています。

実は、時代によって、最強の神様が違うのですね。弥生時代から、古墳、飛鳥、奈良、平安、鎌倉、室町、戦国、江戸、近現代と、その時代時代の天下人が力を借りた「旬」の神様がいらっしゃいます。

そして、**「旬」を過ぎても、神様のお力はまったく変わりません。**

古代に最強だった神様は、現代でも最強の一角。ただあまり有名じゃないだけです。そんな最強なのに、あまり知られていない神様も本書ではたっぷりご紹介しています。聞いたことないからってスルーしないでくださいね！

ご利益を得る仕組み

日本の神様はそれぞれ使命を持っています。その使命を「ミコト」といいます。漢字だと、「命」「尊」と書きます。でも、その使命を実現するための身体を神様は持っていません。神様はご自身の使命を、この世で実現してくれる身体を探している。その身体の持ち主が「あなた」です。

ご利益とは神様の使命のこと。ご利益をいただくとは、神様の使命を私たちが授かり、この世で実現する身体になることです。**神頼みとは、私たちが神様に頼むだけではありません。神様からも私たちに頼み事がある**のです。

要するに「お互い様」です。神様と私たちの関係は、お互いを助け合う関係であり、人間が一方的に助けてもらう関係ではありません。神様のやりたいことを助ける人は、神様から多くのプレゼントを受け取るでしょう。

神様のために、ひと肌脱いでもらえませんか？

あなたのお力、貸してくださいってことなのです。お金を借りに来たら、逆に、お金を貸してくれと言われたみたいな気分になっていませんか？　でも、そういうことなのです。

力を貸してもいいよという方、ぜひこのまま本書をお読みください。

あなたを待っていたんです！　**あなたのお力を借りたい神様が、いらっしゃるんです!!**

もちろん神様のほうも「タダで力を貸して」とはおっしゃいません。神様の使命を果たすには、お金や人脈、健康、安全の確保など必要なものがあります。メリットとしてのご利益も実際にあるわけですね。**神様があなたに託す使命が大きければ大きいほど、メリットとしてのご利益も多くいただくことになります。**

「力を貸すのはいいけれど、何をすればいいの？」

もっともなことです。神様が具体的にどんな「使命＝ご利益」をお持ちか、100の神様それぞれのページで、くわしくご案内します。

第1章では、日本の国が始まった最初の最初、弥生時代から古墳・飛鳥時代に大きな力を発揮した神々をご紹介します。日本で一番古い神社の神様など、**神々の最長老ぞろいの第1章はご利益のスケールも大きく、「人として成長したい方」に特におすすめ**です。

第2章では、怨霊が不幸をもたらすと人々が本気で恐れた奈良時代から平安時代に、大きな力を発揮した神々をご紹介します。鬼から守る神様、今年の福徳をもたらす神様など、**長く繁栄した神々ぞろいの第2章は、「不幸体質から幸運体質になりたい方」に特におすすめ**です。

第3章では、大きな戦乱が起こった鎌倉時代から戦国時代に、大きな力を発揮した神々をご紹介します。戦わない勝利の神様、宇宙根源の究極神など、**人々が最も力を欲した時代にふさわしい神々の強者ぞろいの第3章は、「強力なパワーが欲しい方」に特におすすめ**です。

第4章では、安土桃山時代から江戸時代に大きな力を発揮した神々をご紹介します。「あとひと押し」をくれる神様、思いがけない知恵をもたらす神様など、**新時代を切り開いた神々ぞろいの第4章は、「新しい流れを呼び込みたい方」に特におすすめ**です。

明治時代から昭和初期に大きな力を発揮した**カリスマな神々ぞろいの第5章は、その道を究める神様など、「魅力を磨きたい方」におすすめ**の神様をご紹介。現代に大きな力を発揮している龍神さんや犬神さんなど、**人間の要望に積極対応する神々ぞろいの第6章は、「大舞台で力を発揮したい方」におすすめ**の神様をご紹介します。

第1章から順番にご紹介しましたが、本書は、どの神様からお読みいただいても構いません。目次を読んで、気になった神様、今の自分に一番必要だと思う神様からお読みいただいてもいいし、パッと開いたページが「今の私に必要な神様」と思ってお読みいただくのもおすすめです。

あなたのお力を貸してほしい神々が待っています。
もちろん、あなたも力を貸してほしい神々をお探しください。
神様とあなたの縁結び、本書でお手伝いできれば幸いです。

ナンバリング

本書では、何度も登場する神様がいます。本を活用する機会が多いはずなので、各項目初出のみ、数字を入れています。

83

神功皇后

ナンバーワンになる　徹底してやり抜く

日本史上初めて紙幣の顔になった最強の女帝

本書で一番多く登場している人物です。

日本史上初めて外国に遠征した将軍は妊娠中の女性で、出産を遅らせるために、陰部に石を挿入し、腹に石を当てサラシを巻いていたと聞いたら、ドン引きでしょうか。サラシを巻いたレディースではありません。

時の最高権力者で、③コトシロヌシや⑨住吉三神ら多くの神々を降ろす巫女の神功皇后です。お腹の中の胎児は「胎中天皇」で、日本史上初めて胎児で天皇になる応神天皇、のちの⑬八幡神です。

神功皇后は、夫の仲哀天皇の死後、日本史上初の摂政《せっしょう》として天皇の代わりに政治を行い

206

神様の特徴

同じご利益でも、性格が違います。神様の個性を表したご利益となります。

本書の見方

古代から現代まで、めちゃくちゃ力のある神様が登場しますが、最強クラスの神様たちなので、ご利益も多種多様。あなたにピッタリな神様を見つけていただくためにも、本書の見方を紹介いたします。

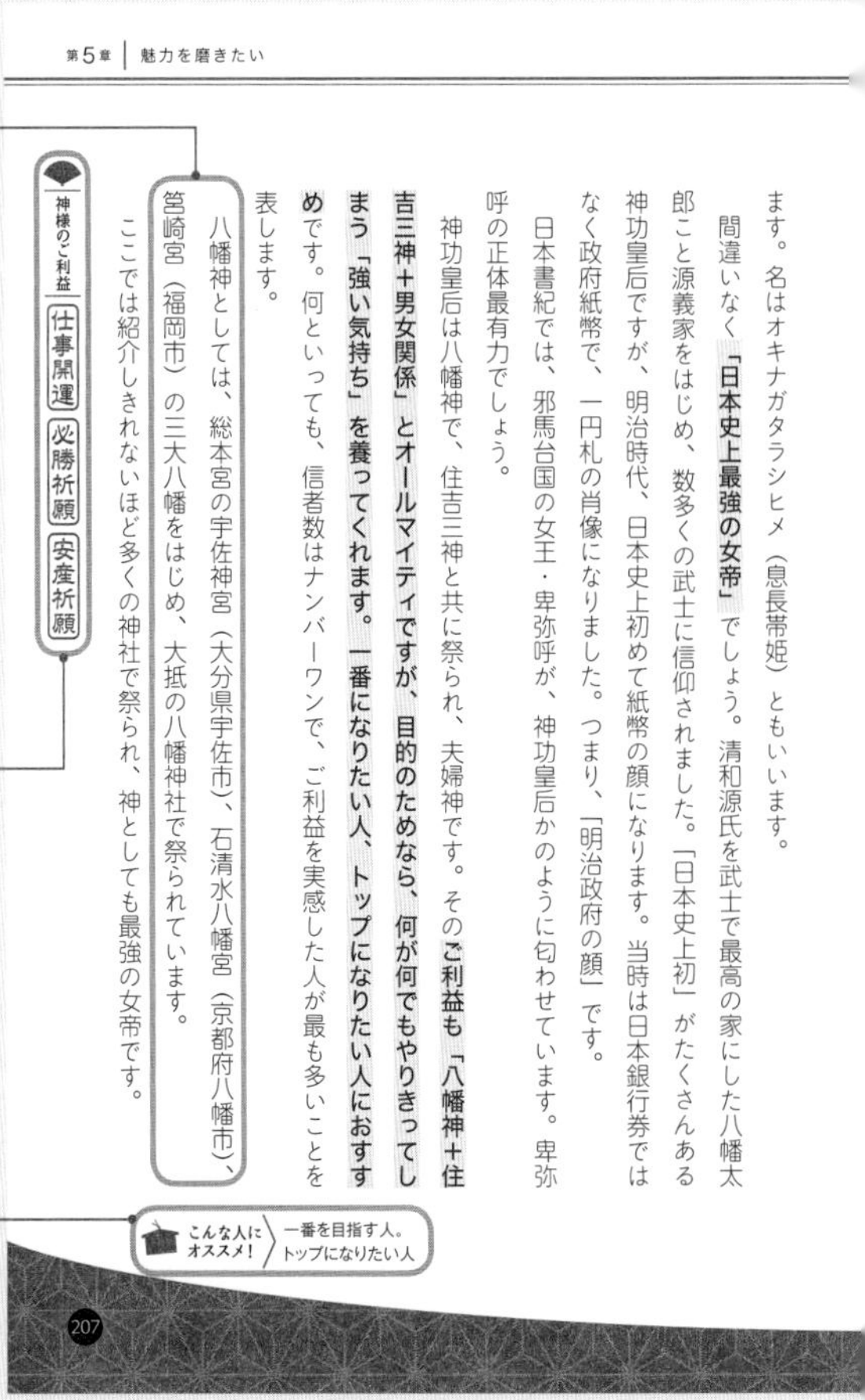
第5章 魅力を磨きたい

ます。名はオキナガタラシヒメ（息長帯姫）ともいいます。

間違いなく**「日本史上最強の女帝」**でしょう。清和源氏を武士で最高の家にした八幡太郎こと源義家をはじめ、数多くの武士に信仰されました。「日本史上初」がたくさんある神功皇后ですが、明治時代、日本史上初めて紙幣の顔になります。当時は日本銀行券ではなく政府紙幣で、一円札の肖像になりました。つまり、「明治政府の顔」です。

日本書紀では、邪馬台国の女王・卑弥呼が、神功皇后かのように匂わせています。卑弥呼の正体最有力でしょう。

神功皇后は八幡神で、住吉三神と共に祭られ、夫婦神です。その**ご利益も「八幡神＋住吉三神＋男女関係」とオールマイティですが、目的のためなら、何が何でもやりきってしまう「強い気持ち」を養ってくれます。一番になりたい人、トップになりたい人におすすめ**です。何といっても、信者数はナンバーワンで、ご利益を実感した人が最も多いことを表します。

八幡神としては、総本宮の宇佐神宮（大分県宇佐市）、石清水八幡宮（京都府八幡市）、筥崎宮（福岡市）の三大八幡をはじめ、大抵の八幡神社で祭られています。

ここでは紹介しきれないほど多くの神社で祭られ、神としても最強の女帝です。

神様のご利益 仕事開運 必勝祈願 安産祈願

こんな人にオススメ！ 一番を目指す人。トップになりたい人

207

神様を祭る寺社

神様を祭る代表的な神社・お寺を紹介。P271には、ご参拝におすすめの神社をピックアップしています。

神様のご利益

神様が最も得意とするご利益を全21項目から主な3つを紹介。P255にはご利益別索引があるので、自身が欲するご利益ごとに神様を探せます。

こんな人にオススメ!

人によって、職業も年齢もバラバラ。よりイメージしやすいように、あなたと神様とのマッチングをお手伝いします。

最強の神様100 目次

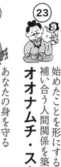

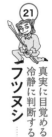

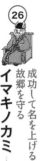

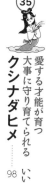

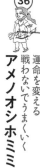

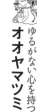

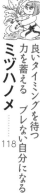

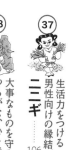

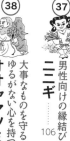

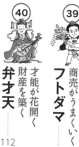

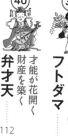

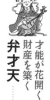

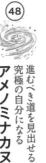

第4章 新しい流れを呼び込みたい

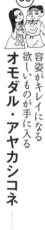

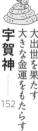

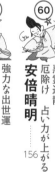

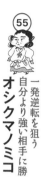

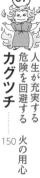

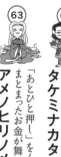

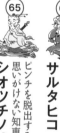

第5章 魅力を磨きたい

第6章 大舞台で力を発揮したい

＊漢字表記の「命・神・大神・尊」などはとっています（一部、例外あり）。
＊難しい漢字の神様は、漢字表記をせずカタカナ表記のみです。
＊神様にはお名前が多数ある方も多いですが、読みやすさを重視し、一部のお名前のみ表記しています。
＊神様の系図や神話は、主に古事記・日本書紀に基づいています。
＊神様のことは、昔になるほど、事実として客観的に証明されていないことが増えます。たとえば、古墳時代の3世紀後半から5世紀は「空白の世紀」と呼ばれるほど、日本史は謎に包まれています。古代の神様や神話のことは、事実とそのまま受け取るのでなく、あるいは事実と違うと否定するのではなく、謎の時代を想像する手がかりくらいに思ってお読みください。

巻頭写真：Zakharchuk／Shutterstock

第1章 人として成長したい

1

願望実現の障害をとる　悪いものを振りはらう
アヂスキタカヒコネ

出雲から来た最強の刀剣

漫画で、序盤に最強とされた存在は実は最強ではなく、真の最強の存在がいた。いやいや、さらにその背後に真の真の最強がいたなんて設定がありますね。アヂスキタカヒコネはまさにそんな**「真の真の最強の神様」**です。歴史に残る日本最初の天下人・葛城氏が最も信仰した神様でした。葛城氏は外国との関係が深く、ヤマト王権の外交と内政を主導。天皇と並ぶ存在で、最初期の天皇の母や妻もまた、葛城氏の出身でした。

アヂスキタカヒコネは**「雷神」**と言われますが、まさに雷神を感じる出来事がありました。高鴨《たかかも》神社を参拝した後、別の神社で宮司さんと話をしていたら、突然雨が降り出して、雷が落ち、近くの給湯器が壊れたのです。「名前を読んだら来るんだな」と実感。給湯器が壊れたのは悪いことですが、厄除けできたなと感じました。

アヂスキタカヒコネを祭る高鴨神社は奈良県御所《ごせし》市にあり、京都の上賀茂《かみがも》神社や下鴨《しもがも》神社など、全国にあるカモ（賀茂・鴨・加茂）神社の総本社です。カモは神の語源ですから、神様のオリジナルかもしれません。

アヂスキタカヒコネの別名は迦毛大御神《かものおおみかみ》。「大御神」と称えられる神は、他に古事記などの神話で主役の大活躍をする神しかいません。しかし、アヂスキタカヒコネは端役です。神話が書かれる頃には、葛城氏は没落し、軽く扱われたようです。すごい神なのに、注目されていない。ご利益は大きいのに、求める人が少ないのですからお得ですね！

神話では、長い刀剣をふるい、うん百キロ以上遠くまでモノを蹴り飛ばす怪力の持ち主で、ケガレを祓います。「気分が落ちている」「疲れがたまっている」など、**悪いものを振りはらう強いお力があり、そのご利益は絶大**ですね。

ちなみに高鴨神社のある御所市は、「日本最初の首都」。6代天皇の頃まで、首都の多くは御所市でした。アヂスキタカヒコネは、**「日本最古の最強の神様」**なのです。

神様のご利益

厄除祈願 身体健全 商売繁盛

こんな人にオススメ！ 〉悪いことが続いているな～と感じている人

2

シタテルヒメ

前祝いし、おめでたいことを実現する

七夕の織姫は豊作を祈る太陽の女神

素敵な王子様と運命の恋をし、仕事でも大活躍。そんな**恋も仕事も最高の女神**が、シタテルヒメ（下照姫）です。実は**「七夕の織姫」**で、日本に機織り技術をもたらした一族の神でした。前項の①アヂスキタカヒコネの妹神で、御所市の神社で多く祭られることから、日本最初の天下人・葛城氏が信仰する**「古代日本の女神代表」**だったようです。

願いを叶える1日で有名な七夕の女神ですから、シタテルヒメは願いを叶えるプロフェッショナル。**運命の恋をしたい人、天職を見つけたい人には、ピッタリの女神様**でしょう。

その割に知名度が低いのは、お名前を消されていったからです。大正時代までは、鳥取県東伯《とうはく》郡の倭文《しとり》神社の主祭神でした。なぜか多くの神社で、消され、隠されていったようですね。

でも、七夕の女神を忘れるなんて、もったいなさすぎます。ご利益は大きいのに、求める人が少ないのはチャンスですから、みんなが忘れても、私たちは覚えていましょう！

七夕の元は棚機《たなばた》で、神様に供える着物を織る機械のこと。乙女が着物を織り、棚に供えて神さまをお迎えし、秋の豊作を祈るみそぎの行事でした。この着物を織る乙女がシタテルヒメで、前もって豊作をお祝いします。

個人的に、シタテルヒメを祭る神社や神職の人と関わってから、運命の「人事異動」と感じたことが立て続けに起こりました。縁結びと縁切りが立て続けに起こって、より自由に楽しく、そして活動のステージも上がっていったのです。人間関係が大きく変わり、自分の頭では思いつかないようなことをやってくれます。

前祝いがシタテルヒメ式の願いの叶え方。他人におめでたいことが起こったときに、自分のことのように喜べたら、それが前祝いです。**ご利益の本質は、「人の喜びを分かち合える自分になること」なのです**ね。自分のためだけでなく他人のためにも願いましょう。

神様のご利益　良縁成就　仕事開運　技芸上達

こんな人にオススメ！　恋や仕事など人間関係で悩んでいる人

3

コトシロヌシ

神様の意思をはかり、事の成就を占う　お金の巡りが良くなる

天皇の祖父になったワニは神のお告げをする助言神

「神のお告げぞ！」と言われたらどん引くと思いますが、その神のお告げ「ご神託」を伝える神様がコトシロヌシで、「事代主」と書きます。天皇家が信仰していて、それは現代の天皇家でも続いており、天皇を守護する宮中八神の一柱として、皇居の神殿で今も祭られ続けています。

コトシロヌシのご利益でわかりやすいのは、「金運」や「商売繁盛」でしょう。コトシロヌシを祭る代表的な神社のひとつでもある島根県松江市の美保神社では、拝殿で「福種《ふくたね》銭《せん》」なる小袋がいただけます。中身はご祈祷された10円玉で、50円で購入できます。財布

に入れて支払いに使うと、巡り巡って万倍になって返ってくるとか。だまされているわけではありません（たぶん……）。私も「福種銭」を持っていると、お金の巡りが良くなった気がするから不思議なものです。

日本書紀の一書《あるふみ》によると、コトシロヌシはワニに変身し、ある姫のもとに通って娘が2人生まれます。その娘2人は共に初代天皇・第2代天皇の后になります。ワニではなくイケメンに変身してほしいものですね。ワニ革の財布がお金持ちに人気なのは偶然でしょうか。

コトシロヌシは、①アヂスキタカヒコネ、②シタテルヒメと腹違いの兄妹です。神話では、地上の国を天上の神に譲るか否か占うために、海で魚を釣り鳥と遊んだのち、「この国を差し上げましょう」と答えます。その後、神霊が人におりて神の意思を告げる「神がかり」の神として登場。皇族や周囲の誰かに憑依し、助言しました。

コトシロヌシは、**勝ち負けの判断が的確で、攻めるときと引くときの判断が上手。お金の使い方も適切になる**でしょう。

コトシロヌシを祭る神社は他に神戸市長田《ながた》区の長田神社、奈良県御所市の鴨都波《かもつば》神社など。伸るか反るかの大勝負のときだと思ったらぜひご参拝ください。

神様のご利益 金運向上 商売繁盛 必勝祈願

こんな人にオススメ！ 負け癖がついている人

4

縁結び最強　一言の願いなら何でも届く

ヒトコトヌシ

―迷いを一言で取り除く　高知最強の言霊神

高知龍馬空港から車で1時間以上かかる海に面した小さな神社にモデルのアンミカさんが2011年春に参拝。翌年、スーパーリッチでハンサムなアメリカ人社長とご結婚され、「セレブ婚」とうらやましがられました。なぜアンミカさんはわざわざ遠方の小さな神社に参拝されたのでしょう。

ブログによると東北の震災からの復興と、個人的なことも祈られたそうですが、縁結び祈願でしょうか。なにせ、ある高貴なご夫婦の縁を結んだとも言われる神社ですから。

その神社は、高知県須崎《すさき》市の鳴無《おとなし》神社。ご祭神はヒトコトヌシ（一言主）です。高知で

神様のご利益　良縁成就　心願成就　心身健全

最も格式ある土佐神社のご祭神でもあり、高知最強の神様ですね。

一言だけなら、どんな願いも聞き届けるとされ、愛称は「いちごんさん」。「一言以外何も言ってはいけない」と、無言で参拝する方もいます。うっかりしゃべれませんね！　またまた日本最初の天下人・葛城氏やその一族が信仰したようです。

話がまとまらない、何を祈願するか迷ってしまう人には、ピッタリの神様です。善いことも悪いことも、**一言で言い放つ神なので、ピタッと願い事が決まる**でしょう。

たとえば、結婚のような、世間や周囲からのプレッシャーが多い事柄には最適。素直になれなかったり、周りに流されたりするとき、ヒトコトヌシの前で、迷いを断ち、素直な自分になってください。**「結婚したい」ではなく、「この人と結婚する」でいい**でしょう。**ズバリ願望を一言で言うことが肝要**です。

ヒトコトヌシは第21代・雄略天皇の怒りをかい、土佐国《とさのくに》（今の高知県）に流罪になったとされます。神様が流罪とは奇妙ですが、時代を経るごとに、扱いが悪くなりました。ですが、映画『千と千尋の神隠し』の中で名前が登場するなど、今も「すごい神様」で、権力者が軽視するなら、我々庶民が重視すればいいのです。

奈良県御所市の葛城坐《かつらぎにいます》一言主神社、茨城県常総市の一言主神社などで祭られています。

こんな人にオススメ！　人生の大事なイベントを控えていてプレッシャーに弱い人

5

愛し愛され、豊かな関係をつくる
オオクニヌシ

―いじめられっ子から王になった日本のスーパーヒーロー

①アヂスキタカヒコネ、②シタテルヒメ、③コトシロヌシの父親であるオオクニヌシ（大国主）は、**日本神話を代表する英雄で、日本国をつくった神**と言われます。といっても、「国よあらわれろ」と命じて国ができたとかイージーなものではありません。
最初はいじめられっ子からのスタートで、そこから女の子を助けて結ばれ、それをいじめっ子の兄弟たちにねたまれて殺され、死から奇跡の復活。数々の試練に打ち勝って強い力を獲得し、たくさん恋をし子供をつくり、友と出会い別れ、豊かな国をつくり、最後にあの世を治める神となります。

その様子は少年漫画の主人公のようで、挫折や葛藤を経験しながら、努力し成長して、国の王に、そして神になるのです。オオクニヌシは決して敵をバッタバッタと倒す「強い神」ではありません。やさしく親切で、老若男女問わず愛され助けられます。

オオクニヌシの神社といえば、島根県出雲市の出雲大社《いづもおおやしろ》（一般に、いずもたいしゃ）。第11代・垂仁《すいにん》天皇の御代に創建された縁結びの聖地ですが、参拝したら、むしろバッサバッサ縁を切られて、ご不満な人たちにちょくちょくお会いします。我が事を振り返ると、「愛されたい」「ああしてほしい、こうしてほしい」――そんな思いで参拝すると、縁を切りたくないのに、あっさり縁切りが起こります。逆に、**ただ「愛したい」「貢献したい」思いでいると、即座に縁結びが起こる**ようです。後悔しない縁結びをしてくれるのです。

つまり、**オオクニヌシのご利益は、より人を愛し、より人に親切になること。**愛し親切にすることでできる人の輪が根幹となって、豊かな家・まち・国がつくられます。

オオクニヌシの真骨頂は、国を譲った神話。豊かな国をつくったら、「その国を譲れ」と要求されたのだから無茶な話ですが、この国譲りがお手本となって、日本国では権力交代のたびに王家を滅ぼすことがなくなり、天皇家は世界最古の王室となりました。

各地の出雲大社の他、札幌市の北海道神宮、東京府中の大國魂神社などがあります。

神様のご利益　立身出世　仕事開運　良縁成就

こんな人にオススメ！　周りと一緒に豊かになりたい人

6

大きな金運をもたらす　ピンチを助けてくれる
オオモノヌシ

──国の半分を死なせた日本史上最大の怨霊

日本最古の神社とされる奈良県桜井市の大神《おおみわ》神社の神オオモノヌシは、**「初めて人間に神社を建てさせた神」**です。そこまでさせたのは、国の半分が死ぬほどの疫病が流行したから。第10代・崇神《すじん》天皇は、神がかった皇女のご神託や、自身の霊夢などをもとに、オオモノヌシをその子孫に祭らせ、疫病はおさまりました。これが大神神社の始まりです。

日本国の危機を救った、すごくありがた〜い神様ですが、実は疫病の原因はオオモノヌシの祟りで、とんでもなく恐ろしい神様でもあります。その**ご利益は神様の中でも最強ク**

ラスで、「国家安泰」「大きな金運」「大きな商売繁盛」「大きな厄除け」など。特に**大きなピンチのとき、かけこむとしたら、ここがいい**でしょう。

「父の会社が8億円の負債をかかえて、家の差し押さえまであと1か月。何も解決策が浮かばないなか、家族で奈良の大神神社に参拝しました」。私の友人Tさんの事例です。するとその家を購入し、Tさん家族に貸す人が現れます。かつて、Tさんのお父さんに助けてもらった人の子供で、そのご恩返しでした。Tさん一家は家を手放さずに、借金を返すことができたのです。Tさんのお父さんが人のピンチを助けていたから、Tさん家族も助けてくれたのかな、と。徳を積むことは大事ですね。

オオモノヌシは元々、日本に国をつくった王オオクニヌシが三輪山にお祭りした神様で、⑤オオクニヌシの「和魂《にぎみたま》」とされます。和魂は神のやさしく平和的な側面のこと。蛇神でもあり、美男子に変身してある姫のもとに夜這いをかけます。姫との間には、2人の女の子が産まれ、その女の子2人は初代天皇・第2代天皇のお后になりました。って、③コトシロヌシも、娘2人が、天皇のお后になりましたね。実はオオモノヌシはコトシロヌシの別名説も有力で、混乱します！

ピンチのときはオオモノヌシの神社にご参拝ください。

神様のご利益　金運向上　厄除祈願　国家安泰

こんな人にオススメ！　人生のピンチに見舞われている人。
ただしご利益があるか否かは、自分のこれまでの行いしだいかも

7

家内安全から国家の安全まで、あなたの暮らしを守る

ヤマトオオクニタマノカミ

天皇と寝起きを共にした戦艦大和の守護神

⑥オオモノヌシと並ぶ強力な**「国家安泰の神」**です。かつて天皇と同じ屋根の下に住み寝起きを共にした神ですが、前項でも書いた、国の半分が死ぬほど疫病が流行したときに、天皇と共に住む神を宮中の外で祭ることになりました。結果、疫病がおさまり、国家をあげて信仰する神になります。

国家安泰の神といっても、我々一般人にはピンと来ないかもしれませんが、個人の生活レベルでいえば、**家内安全や個人の身体健全など、心身が健やかになるご利益があります。**何か守りたいものができたとき、それを守ることを誓うのにピッタリの神様でしょう。**守**

りたいものは、家族でも故郷でも国でも特定の人たちでも、本気なら何でもいいです。

このヤマトオオクニタマノカミを祭る神社が、奈良県天理市にある大和《おおやまと》神社で、前項の大神神社と並ぶ日本最古の神社とされます。

崇神天皇は当初、大和神社を建て、自身の娘にヤマトオオクニタマノカミを祭らせようとしたのですが、娘の身体がやせ細りできなかったとか。そこでオオモノヌシをその子孫に祭らせたように、ヤマトオオクニタマノカミの子孫に祭らせて、疫病はおさまりました。

天皇と寝起きを共にした古代日本の代表的神様ですから、本来なら最も有名な日本の神様ベスト3に入るはずです。それがなぜか現代ではほとんど目立ちません。第二次世界大戦で日本海軍のシンボルとなった世界最大の戦艦大和には、大和神社の神様が祭られ、まさに大和魂の神様なのですが、それが戦後日本ではネックなのでしょうか。

祭られている神社は非常に少なく、兵庫県南あわじ市の大和《やまと》大国魂《おおくにたま》神社、徳島県美馬市の倭《やまと》大国魂神社、新潟県加茂市の青海《あおみ》神社などです。

ただ何度も申し上げていますが、ご利益は大きいのに、求める人が少ないのは、お得なチャンスでしかありません。古代の人がこんな名前の神様をお祭りすればいいことあるよと、書き残していることに感謝ですね。守りたいものがある人、ぜひご参拝ください。

神様のご利益
家内安全 身体健全 国家安泰

こんな人にオススメ！ 守りたいものがあるんだ！ そう言える人

8

アマテラス

自然体、本来の自分を取り戻す

神はあなた自身と気づかせる日本神道の最高神

最も有名な日本の神様で、天皇家の祖神、日本神道の最高神がアマテラスこと天照大御神《あまてらすおおみかみ》です。日本の神社の中でも「別格の聖域」伊勢神宮内宮に祭られ、そのご威光は外国人にも通用するほど。「この聖域で、私はすべての宗教の根底にある統一的なものを感じます」。イギリスの歴史学者アーノルド・J・トインビー博士は、伊勢神宮参拝の折、ご神前でそう記帳されました。

⑦ヤマトオオクニタマノカミと同じく、天皇と同じ屋根の下で寝起きを共にした神で、崇神天皇の御代に疫病の大流行で宮中の外で祭られることになりました。歴代天皇より特

別に崇敬されましたが、しばらく居場所を転々とします。

そして、垂仁天皇の御代に、今の伊勢神宮に落ち着きました。そんな別格の神アマテラスには、わかりやすい特定のご利益はありません。伊勢神宮に参拝する人は、「何かお願いするのではなく、感謝の気持ちを伝えること」「伊勢神宮に来られたこと自体が大吉なので、おみくじはありません」とよく言われるでしょう。

それでもあえて**アマテラスのご利益をひもとくと、素晴らしい自分自身に気づくことです。**「こんな自分、大したことない」「こんな自分は嫌いだ」。アマテラスは、そんな自分を卑下する思いをときほぐし、素直で自然体な自分自身を取り戻してくれます。アマテラスの光に照らされて、自分のことをもっと認められるようになるわけですね。

私はいつも神棚にアマテラスの御札を置いて、手を合わせています。願望、不満がなくなり、今のままでOKと思えてきます。

伊勢神宮内宮には、三種の神器のひとつ「八咫鏡《やたのかがみ》」があります。この鏡こそアマテラスのご神体、多くの神社のご神体で、その心は「鏡にうつるあなたが神ですよ」と参拝する人々に気づかせること。**神様は私の中にあると気づくことが、日本神道の神髄であり、アマテラスのご利益なのです。**

神様のご利益
神恩感謝 五穀豊穣 心身健全

こんな人にオススメ！ 現状に不安や不満を覚えている人

9

住吉三神

本音の本音を明らかにする　根源的な欲求を叶える

本当の願いをごり押しで叶える
豪腕軍師

(83)神功《じんぐう》皇后と第15代・⑬応神《おうじん》天皇母子の天下取りを支えたのが住吉三神《すみよしさんしん》で、その活躍は荒ぶる神そのもの。神功皇后に憑依した住吉三神の指示に従わない第14代・仲哀《ちゅうあい》天皇は、住吉三神に祟られ急死します。さらに、神功皇后に憑依して、「この国は皇后の御腹にある御子が治めるべし」と、跡継ぎを妊娠中の胎児に決めたのも住吉三神ですから、豪腕すぎますね。住吉三神は、日本書紀で底筒男《そこつつのお》、中筒男《なかつつのお》、表筒男《うわつつのお》と表記される三柱の神の総称です。

そんな魔神のごとき住吉三神のご利益は、気づきたくない本音に気づくこと。心の奥底

に眠らせていた根源的欲求を思い出し、その欲求を叶えることです。要するに「やっちゃいけないと強く思っているけれど、でもどうしてもやりたいこと、もっと幸せになるために絶対に必要なことをやる」ってことです。**何が何でもこれをやる。切羽詰まったときにおすすめ**です。

神功皇后は住吉三神の導きで、妊娠中にもかかわらず朝鮮半島まで航海し、半島の三か国と有利な外交関係を結ぶのに成功します。帰国時に、住吉三神の荒魂《あらみたま》（神の荒々しく勇猛な側面）を山口県下関市の住吉神社に、和魂（神のやさしく平和的な側面）を大阪市の住吉大社に祭りました。

住吉三神の導きは私も体験したことがあります。大阪市の住吉大社を私が案内するイベントを実施したときのこと。イベント前日に下見をしたら、たまたま東京在住の知人に出くわしました。聞くとその知人は、住吉三神に関するセミナーに参加したことがあるそうで、パンフレットには書かれていない住吉大社の参拝方法についても学んだとか。

それを参考にして、「1000人の前で講演したい」と願ったところ、最大でも2桁だった講演参加者数が3桁になり、2年以内に1000人を超える講演を2回経験できました。

神様のご利益　心願成就　商売繁盛　交通安全

こんな人にオススメ！
のっぴきならない事情で追い詰められている人。
人を傷つけるお願いはだめですよ

⑩

ワタツミ

運を支配する　味方を勝たせる

――天下を左右する龍宮の王

浦島太郎伝説で有名な龍宮。海中にあり、龍や乙姫が住む宮殿ですね。その龍宮の王がワタツミで、**海を支配する神**です。ソコツワタツミ、ナカツワタツミ、ウワツワタツミの三神を総称して綿津見三神と呼ばれ、豊玉彦《とよたまひこ》と呼ばれることも。潮の満ち引きを制御する珠「シオミツタマとシオヒルタマ」を持ち（龍が握っているあの玉です！）、これで運の流れを支配します。

㊃神功皇后は、ワタツミに勝たせてもらったひとりで、ワタツミを信仰する海の民・阿《あ》曇氏《ずみうじ》がその航海技術で朝鮮半島へ道案内し、戦闘ではシオミツタマとシオヒルタマで敵の

大軍をおぼれさせました。

ご利益は、運の流れを自在に操ること。運の流れが、味方には有利に、敵には不利にはたらきます。**立身出世や事業発展、勝負運を求める人にはピッタリ。**敵やライバル、競合相手がいるなら、よりご利益を実感するでしょう。相手がこけてくれるので自然に運が向いてきます。敵にまわしたくない神様ですね。

ワタツミを祭る神社の代表が「龍の都」と呼ばれる福岡市志賀島《しかのしま》の志《し》賀《か》海《うみ》神社で、阿曇氏の方が今も神職としてお勤めです。日本の国宝で最も有名な「漢委奴国王《かんのわのなのこくおう》」の金印が出土した島にあり、さらに日本の国歌「君が代」発祥の神社ともいわれているので、古代のロマンここにありですね！　君が代は、神功皇后の三韓出兵の際の食前に歌われて以来、今でも年2回のご神事「山ほめ祭り」で伝承されています。

ワタツミに勝たせてもらったもうひとりは、天皇家の祖先である山幸彦《やまさちひこ》こと(79)ホオリです。ホオリについては、のちほど紹介します。

龍宮の王ワタツミが味方した者は、天下を取れるのですね。龍宮に行きたくなります。

龍宮があるかはわかりませんが、ワタツミは福岡県大川市の風浪宮《ふうろうぐう》、鹿児島市の鹿児島神社、ほか各地の綿津見神社・海神社などでも祭られています。

神様のご利益
必勝祈願　交通安全　立身出世

こんな人にオススメ！　敵が多い人、ライバルに勝ちたい人

ネガティブに対応する　最高の自分が望むことを実現する

11 アマテラス荒魂

ケガレから生まれた　闇の世界担当の神

光あれば闇あり。この世はキレイなことより、汚いこと、ネガティブなことが目につき、多く感じますよね。その**ネガティブに対応する神様**が、⑧アマテラスの荒魂です。荒魂は、神の荒々しく勇猛な側面でしたね。現実の課題を解決するには、ネガティブなことへの対応は必須です。

アマテラス荒魂を祭る伊勢神宮の荒祭宮《あらまつりのみや》は、具体的に願い事をしてもよいとされます。具体的に「〇〇する」と誓いを立てるわけですね。願い事は、神様に「〇〇して」とか「こうなりますように」と依頼するのではなく、**「私は〇〇します」「これをやります」と誓っ**

てください。この誓う力強さこそ、荒魂のはたらきです。

ご利益は、物事に立ち向かう「意志の強さ」を得ることです。伊勢神宮内宮で素直で自然体な自分を取り戻し、最高の自分になって何を望むのか？　ご自身の意志を荒祭宮で確認してみてください。

伊勢神宮以外でもお祭りされています。日本書紀によると、㊿神功皇后が朝鮮半島へ出発する際、アマテラスのご神託（お告げ）があり、アマテラスの和魂は天皇の身を守り、荒魂は先鋒として船を導くように告げられました。

帰国時、反乱が起こった際、またご神託があります。「荒魂を皇居の近くに置くのは良くない。広田国《ひろたのくに》に置くが良い」と。その広田国のお社が兵庫県西宮市の廣田神社です。阪神タイガースの必勝祈願でも知られる神社で、フィギュアスケートの紀平梨花選手も初詣に訪れて絵馬を奉納し、直後に四大陸選手権で初優勝しました。

アマテラス荒魂は、罪ケガレを海に流す「祓いの神」や、汚れた垢から生まれた「災厄の神」と同一視する説があります。いずれも極めてネガティブなことに対応する神様で、**人生の不条理を解決するのが、アマテラス荒魂のおはたらきです**ね。その他、周防《すおう》（山口県）の戦国大名・大内義興が創建した山口市の山口大神宮でもお祭りされています。

神様のご利益　厄除祈願　心願成就　身体健全

こんな人にオススメ！　自分の意思とは無関係にやってられないことが続いている人

12

ワカヒルメ

魔を防ぐ　腐らない心でいる

空海に高野山を与えた少女
アマテラスの妹か娘？

日本仏教のツートップ・最澄と空海を描いた漫画『阿・吽』、その中で空海が親しくまじわった山の民の女神「にうつ様」こと丹生都比売《にうつひめ》が、ワカヒルメ（稚日女）です。高野山の奥に祭られている女神とその民たちと交流するなか、高野山は空海に与えられ、真言宗の聖地となりました。丹《に》は硫化水銀から成る赤褐色の鉱石で、赤い鳥居や什器の塗料、消毒の赤チンなどに使われます。強い防腐・消毒・殺菌力があり、丹の生産される丹生《にう》の地はパワースポットです。

ご利益は、この丹のごとく、「若さを保つ」「腐らない心でいる」「魔を防ぐ」などです。

要するに、**自分を消毒されちゃう感じ**です。ワカヒルメは⑧アマテラスの妹、アマテラスの娘、あるいは少女時代のアマテラスとも言われます。「同じ神様なのか違うのか、ややこしい」と思われそうですが、日本の神様あるあるなので、ご容赦ください。

ワカヒルメもまた(83)神功皇后が信仰した神で、③コトシロヌシ、⑨住吉三神、⑪アマテラス荒魂と共に、朝鮮半島への航海に同行しました。

神様の同行って謎ですが、おそらく石や鏡などに神霊を宿らせたのでしょう。帰路にワカヒルメのご神託により、神功皇后はワカヒルメを祭る神社を建てます。神戸市の生田《いくた》神社です。生田神社を守る家は神戸《かんべ》といい、神戸という地名の由来になりました。

生田神社の拝殿背後に広がる「生田の森」は小川流れる清涼な場所で、気分もリフレッシュされるので、おすすめです。個人的に、ワカヒルメを一番感じられる場所。水の流れる神社の森は、美肌を促すのか、気分だけでなくお肌も瑞々しくなった気がしますよ。

和歌山でも信仰が盛んで、和歌山市の玉津島《たまつしま》神社は聖武《しょうむ》天皇が即位した年に参拝しました。かつらぎ町の丹生都比売神社は、前述のように空海や高野山と深い関係があります。三重県鳥羽市の伊射波《いさわ》神社も忘れてはいけません。いずれも、1500年以上の歴史を持つ古い神社です。

神様のご利益
健康長寿 良縁成就 心身健全

こんな人にオススメ！ 毒されているなと感じている人

13

事業を発展させる　規模が拡大する
八幡神

神社の数は最多！
日本最大の神様グループ

神社本庁に登録の神社は日本に約八万社ありますが、その中で最も多く祭られているのが八幡神《はちまんしん》です。日本最高の神様が⑧アマテラスなら、**「日本最強の神様」**は八幡神でしょう。(83)神功皇后の御子である第15代・応神天皇のことです。

経営の神様と名高いパナソニックの創業者・松下幸之助氏が、初めて定めた自社の商標「M矢のマーク」。これは松下の頭文字Mと京都府八幡市にある石清水《いわしみず》八幡宮の御神矢《ごしんや》を組み合わせたもので、のちに幸之助氏は石清水八幡宮の氏子総代（信仰者の代表）になります。石清水八幡宮は、皇室より伊勢神宮

に次いで篤く崇敬され、さらに武士の神様代表として、別格の影響力を持ちました。

神様のご利益 立身出世 安産祈願 必勝祈願

八幡神のご利益は、事業発展や規模の拡大で、物事を成功させたい方におすすめです。

私自身、京都在住の頃は石清水八幡宮の矢を毎年いただきに参拝しており（昨年の矢はお返し）、受験とか就職とか、ここぞというときは、いつも守っていただいたと勝手に感謝しています。

仏教とも関わり深く、奈良時代に「出家」し、八幡大菩薩となります。「神様が出家」って不思議ですが、八幡神が有名になったのは東大寺（奈良市）の大仏建立《こんりゅう》を助けたから。八幡神社の総本宮は大分県宇佐市の宇佐神宮ですが、その神職が平城京に上京し、八幡大神が「必ず造仏を成就させる。銅の湯を水となし、支障なく、無事に完成させよう」と仰せられたと報告します。そして、大仏建立に「大量の金と銅」が不足するなか、日本国で初めて金が産出される奇跡が起きました。八幡神は東大寺の守護神となり、九州の一地方の神から、国家を代表する神となります。

古代、天皇家が後継者不在になったとき、即位したのが応神天皇の5代のちの孫である第26代・継体《けいたい》天皇で、実在が確かな最古の天皇（大王）です。応神天皇は、現代まで続く継体天皇の皇統と、それ以前の皇統をつなぐ、特別な存在なのですね。

こんな人にオススメ！ 組織のリーダーになりたい人。大きな組織・団体をつくりたい人

14

延命長寿　再起を図る
キビツヒコ

桃太郎のモデルとなった山陽地方最強の神

日本人なら誰もが知る桃太郎。鬼退治をした桃太郎のモデルとなったのがキビツヒコ（吉備津彦）です。**281歳まで生きたとされる延命長寿の神様**で、第7代・孝霊《こうれい》天皇の皇子でした。四道将軍と呼ばれる4人の将軍のひとりとして、兵庫県南部から山口県までを征服したとされます。その際、部下3人と悪党を退治した逸話があるのだとか。

キビツヒコを祭る神社は、岡山市の吉備津神社と吉備津彦神社が代表です。こちらに参拝した知人の経営者は事業の調子が回復しました。**再起を図るのに良い**神社ですね。

キビツヒコを祖神とする吉備氏は、古代日本で葛城氏の次に強力な氏族。4世紀から5世紀初め、ヤマト王権に対抗するほど強大な勢力があり、吉備政権とも吉備王国とも呼ばれるほどでした。キビツヒコは**「山陽地方最強の神様」**なのです。

日本最大の前方後円墳で有名な第16代・仁徳《にんとく》天皇は岡山を訪れたとき、キビツヒコの業績を称えて吉備津神社を創建しました。将軍から神に昇格（？）したわけですね。この吉備津神社の拝殿・本殿は、国宝指定される独自の建築様式で、室町幕府の第3代将軍・足利義満により、約25年かけて建設されました。

個人的に印象に残っているのは、鳴釜神事《なるかましんじ》で、米を炊く御釜の鳴り具合によって吉凶・禍福を占う謎の神事ですが、その神事を執り行う建物から、霊気ともいうべき独特の雰囲気が漂っていました。ただの謎行事ではなく、災いを減らし、福を増やす、「何かいいことがある」ご神事でしょう。今、その人に必要なことが起きます。気づくこともあれば気づかないこともある。何かが変化した印象を受けるでしょう。

岡山の伝承では、鬼とは異国から到来した温羅《うら》（おんら）なる鬼王で、温羅の首は吉備津神社に、体は吉備津神社の丑寅の方角＝東北＝鬼門に位置する艮御崎《うしとらおんざき》神社にあるとか。鬼は災い全般のこと。鬼封じをしたい方は、ぜひご参拝ください。

神様のご利益　健康長寿　商売繁盛　厄除祈願

こんな人にオススメ！　人生が下降気味であると感じる人

15

物事を始める背中を押す　新展開を起こす

ニギハヤヒ

―「この国は、日本と名付ける」と決めた神様

　太古の昔、空飛ぶ船に乗ってある土地を見下ろし、「この国は、日本《やまと》と名付ける」と決め、降り立った神様がいます。その名はニギハヤヒ。古代日本の軍事・警察・裁判・呪術・氏姓を仕切った物部氏《もののべうじ》の祖神です。

　個人的な体験ですが、ニギハヤヒを祭る東大阪市の石切劒箭《いしきりつるぎや》神社でのこと。本殿裏の左手にある小さなお社を参拝したら、先客が身体をくねらせながら何やら熱心に祈っています。長く祈り続けておられるので、一緒に参拝しようと、まず同行した仲間がその方の左横で参拝したら、風がヒュ〜〜〜と突然吹いてきました。私は後ろにいたのですが、

仲間のいるほうにだけ風が吹き、先客のほうには吹きません。お社の横幅は2メートルほどでしょうか。我々が参拝を終えても先客は祈り続け、やがて風もやみました。仲間は普通のやり方で参拝し、日頃の感謝を伝え、特に願い事はしていません。しかし数か月後、東大合格よりずっと難しい、日本最高峰の研究機関への就職が決まりました（私は!?）。

ニギハヤヒは名付け親ですから日本国のエネルギーそのもの。日本国に関するお役目をご利益として授ける神様で、仲間に吹いた風は、ニギハヤヒからのご利益です。

先客に風が吹かなかったのは、頭の中がその人の言いたいことでいっぱいで、神様からお役目を受け取る余裕がなかったためと推測されます。

自分の話をするばかりで、人の話を聞かない人と同じ状態ですね。**聞く・受け入れる心を持つと、神様からご利益を受け取れます。**

映画『千と千尋の神隠し』で、千尋を助けた少年ハクのモデルはニギハヤヒ。ハクは名前を奪われ、自分のことを忘れた神様でした。名前には神様の性質が表れています。名前を忘れたことは、自分の使命や役割を忘れたことを意味します。やはり名前がポイントなんですね。名前を付けるときは新たな始まり。新しく何かを始めるとき、ぜひニギハヤヒの神社をご参拝ください。

神様のご利益
心願成就 仕事開運 金運向上

こんな人にオススメ！ 国の仕事に就きたい人

16

ツイてることが増える　占い師・水商売の方には特に大事

ツキヨミ

夜を支配し、ツキを司る月の神

「ツイてるわ〜」と幸運や不運を感じることがありますよね。その「ツキ」を担当するのが、ツキヨミ（ツクヨミ）です。漢字では、月読、月夜見、月弓など。**夜のお月様の神で「⑧アマテラスの次にえらい神」**のはずですが、古事記では生まれただけで何もしません。謎めいた神様ですね。

ツキヨミを祭る京都市の月読神社（松尾大社《まつのおたいしゃ》の南）には聖徳太子社があり、聖徳太子が信仰したとされますが、何の証拠も残っていないのが、やはり謎です。月読神社は聖徳太子のブレーン秦《はた》氏の拠点に建てられ、秦氏の始祖は「弓月君」なる人物なので、聖徳太子・

秦氏政権の中心にいた神様かもしれません。

ツキヨミのご利益といえば、「ツイてる」ことでしょう。ラッキーが起こることですが、神通力とも呼ぶ謎のパワーも付きます。ツキヨミ信仰の最大拠点である出羽三山のひとつ山形県の月山《がっさん》は、神通力を開発する修験道の修行場所トップ3に入ります。

また、ツキヨミの子孫とされる浦島太郎の「うら」は、「うら→裏」「うら→占」で、ツキヨミは**占いの神、裏世界・異世界の神**です。ちなみに、浦島太郎とツキヨミは、京都府伊根町の浦嶋神社に一緒に祭られています。

個人的なことですが、ツキヨミを祭る伊勢市の月讀宮《つきよみのみや》と月夜見宮《つきよみのみや》に参拝してから、夜の会食が増えました。「夜の食国《よるのおすくに》」なる謎の場所を治める神ですが、読んで字のごとく、夜の飲み食いと関係するのでしょう。物事は夜決まることも多く、仕事の機会も自然に増えました。**占い師や水商売の人は特にご縁を深めるとよい**神様ですね。

夜の食国では、裏で人間関係が増えたり深まったりして、チャンスが増えます。半面、ピンチも増えそうで、ツキの魅力は危険と背中合わせですね。神様が憑く・憑依するのも、ツキヨミのはたらき。「何だかわからないけれど、あの人はうまくいっているよね」の裏には、ツキヨミのお力がはたらいているのです。

神様のご利益
商売繁盛
交通安全
五穀豊穣

こんな人にオススメ！ 夜のお仕事関係の人

17

ネガティブな気分をニュートラルに戻す　平常心を取り戻す
祓戸大神（祓戸四神）

最強呪文で、この世の罪ケガレを大掃除

ゲームで魔法使いや賢者が「最強の呪文」を唱えますが、神社にも祝詞《のりと》と呼ばれる、神様をお祭りするときに唱える言葉があります。いわば神社の呪文で、その中で「最強の祝詞」、大祓詞《おおはらえのことば》の中心的神様が、祓戸《はらえど》大神《おおかみ》です。大祓詞は、年2回、6月末日と12月末日に神社で行われる儀式「大祓」で、全国民が知らず犯した諸々の罪ケガレを取り除くために唱える祝詞。天皇の皇位継承時に行われる「大嘗祭《だいじょうさい》」や、災害・疫病の際にも臨時に唱えられます。

この大祓詞を奏上すると願いが叶う、唱えるだけでご利益が得られる、唱えれば唱える

ほどご利益が増すとされ、現在、多くの神社で、毎日ご神前にて唱えられます。「これを唱えれば万事OK」とされるのですが、すべて唱えるのに8分ほどかかるでしょう。気になる方は「大祓詞」でネット検索するか、ご神具店などで「神拝詞《しんぱいし》」を購入ください。

私自身、何かショックに打ちひしがれているときは、ひたすら大祓詞を唱えています。何回か唱えているうちに立ち直るので、魔法の言葉ですね。罪ケガレのない人はいないので身に覚えがなくとも、月に一度は唱えてみるといいでしょう。

祓戸大神の中でも大祓詞に記されるセオリツヒメ、ハヤアキツヒメ、イブキドヌシ、ハヤサスラヒメは、特に祓戸四神といいます。四神には役割分担があり、セオリツヒメが罪ケガレを川から海へ流し、ハヤアキツヒメが河口や海の底で待ち構えて罪ケガレを飲み込み、イブキドヌシは飲み込まれた罪ケガレを息で別世界へ吹き飛ばし、ハヤサスラヒメは別世界に持ち込まれた罪ケガレをどこかへ消し去ります。

祓戸大神の神社といえば、天智《てんち》天皇の命令で、政治と祭祀のリーダー中臣金《なかとみのかね》が創建した滋賀県大津市の佐久奈度《さくなど》神社です。一説には、中臣金は大祓詞の作者で、天智天皇に献上した祝詞だとか。全国各地の祓戸神社は、大きな神社の入口そばにあることが多く、最初に祓戸神社に参拝してから本殿に向かいます。年2回の大祓に参拝もおすすめです。

神様のご利益
厄除祈願 心願成就 心身健全

こんな人にオススメ！ ショックで落ち込んでいる人

18

タカミムスビ・カミムスビ

天才性を発揮する　新しく創造する　自分で自分を幸せにする

天地創造、万物生成の神

この世に世界が生まれたとき、天の創造を担った神がタカミムスビ、地の創造を担った神がカミムスビで、両神は「神の神」です。ムスビ（ムスヒ）は「産霊」と書き、霊的・神秘的なはたらきが自然に発生すること。新しいアイデアの創造、天才的なひらめきを得る、精神的に自立して自分で自分を幸せにするなどがご利益です。

神話の中でカミムスビは、出雲大社の神⑤オオクニヌシを死から復活させ、国づくりの相棒まで派遣してくれた救世主。それは今も変わらないと思わせる出来事がありました。

出雲大社から東へ徒歩5分ほどのところにカミムスビを祭る神社があります。命主社《いのちのぬしのやしろ》です。1953年の遷宮《せんぐう》（新しい社殿に移ること。出雲大社は60年に一度）で出雲大社の拝殿が火事になりました。このとき、拝殿の火が飛び火して命主社も焼失したのですが、なぜか拝殿のまわりの本殿など多くの木造建築はどこも燃えませんでした。数百メートル離れた命主社にのみ火災が起こり、周辺の木々や建物も燃えなかったのです。私は、身代わりになって燃えてくれたのだと解釈しています。燃えるはずだった命を救う、そんなところでしょうか。

タカミムスビは600年代後半以前、**「天皇家の祖神」であり、「日本神道の最高神」**でした。天上界である高天原《たかまがはら》は、江戸時代中期まで奈良県御所市の金剛山ふもとにある高天《たかま》とされ、タカミムスビを祭る高天彦《たかまひこ》神社が付近にあります。

両神は人間界に現れないため、メインに祭る神社はほとんどなく、歴代の天皇が信仰するのみ。天皇を守護する宮中八神の一柱として、古代から現在まで皇居の神殿で祭られ続けています。**性別のない単独で生まれた独神《ひとりがみ》ですが、「ムスビ」なので近年では恋愛の縁結びでも注目**されます。「今まで彼氏・彼女がいなかったのに、突然できました！」はムスビの神のはたらき。東京都千代田区の東京大神宮は縁結びで大人気です。

神様のご利益
仕事開運
健康長寿
良縁成就

こんな人にオススメ！　作家やクリエイターなど創造したい人

19

実行する力がつく　よきビジネスパートナーに出会える

イザナミ・イザナギ

セックスしたら日本列島が生まれた夫婦神

日本列島の誕生「国生み神話」は、女神イザナミと男神イザナギがお互いの魅力をほめあい、セックスするところから始まります。そして子供が生まれるのですが、その子供が日本列島であり、主な日本の神々です。**イザナミ・イザナギのご利益は、決断力と実行力。大胆かつ繊細に実現するパワーを授けてくれる**でしょう。

日本神話を描いた古事記・日本書紀により、イザナミ・イザナギは日本の生みの親として、特別に崇敬されるようになります。⑧アマテラス、⑨住吉三神、⑩ワタツミ、⑯ツキ

ヨミ、⑰祓戸大神（祓戸四神）は、イザナミと黄泉国《よみのくに》（死者の国）で争い円満離婚したイザナギが、この世に戻り「みそぎ」をして生まれた子供たちです。

この古事記・日本書紀の制作を推進したのが天武《てんむ》天皇・持統《じとう》天皇の夫婦です。さらに両天皇が完成させた首都「藤原京《ふじわらきょう》」は、真東に伊勢神宮、真西にイザナギを祭る淡路島の伊弉諾《いざなぎ》神宮がありました。つまり伊弉諾神宮は藤原京を霊的に支える二大パワースポットのひとつで、イザナミ・イザナギ夫婦のお力を活用していたわけですね。

国生みの伝承の地オノゴロ島（オノコロ島）に行ったときは、ファンタジー映画の世界に迷い込んだようでした。淡路島の南にある沼島《ぬしま》です。海に浮かぶ巨大な爪のような上立神岩《かみたてがみいわ》は、近づくと周囲の空気が熱を帯びた感じがします。島の森林地帯を散歩していると、14時を回る頃、物の怪か精霊のような気配がして、怖くなって島唯一の喫茶店に戻りました。店の観光地図を見ると、森林地帯は「午後ひとりで歩かないこと」とあります。「先に言えよ！」と心の中でつぶやきました。

沼島の自凝《おのころ》神社、南あわじ市のおのころ島神社、滋賀県多賀町の多賀大社などでもこの夫婦神をお祭りしています。**共同で偉業をなした夫婦神だけに、天武天皇・持統天皇のように夫婦で事業をする人たちにもおすすめ**です。

神様のご利益　心願成就　安産祈願　商売繁盛

こんな人にオススメ！　夫婦で事業をしている人

運気を上げる神様ワーク❶

迷いを一言でバッサリ断つ

ヒトコトヌシのお力を借りて、
迷いを書き出し、一言でバッサリ断つ。

例：カレーかラーメン、どちらを食べようか？　➡〇〇に決まってる！
　　あの人と別れようかどうしようか。➡〇〇に決まってる！
思わず「パッ」と出た一言が本音です。

運気を上げる神様ワーク❷

誰にも言えない隠れた願いは何ですか？

ツキヨミのお力を借りて、
「人には言えないけど、本当は～」を書くか口にしてください。

人には言えないけど本当は
・〇〇になりたいんです！
・△△がしたいんです！

第2章

不幸体質から幸運体質になりたい

20 タケミカヅチ

ステージが上昇する　ひらめく　アイデアがわく

日本武道の神にして ナンバーワン貴族の氏神

日本神話で**「格闘最強の神」**といえば、タケミカヅチでしょう。**剣術や柔術など日本武道の神様**です。茨城県鹿嶋《かしま》市の鹿島神宮では、神職たちに代々、剣術の技が継承されてきました。鹿島神宮の神職の家に生まれた戦国最強の剣士・塚原卜伝《ぼくでん》は、鹿島神宮に千日間こもり、「鹿島の太刀」の極意を悟ったとか。この「鹿島の太刀」こそ、タケミカヅチが悪をおさめた剣技で、流派を起こした剣豪たちは、技の極意を教わったのです。

神様に肉体はなく、稽古をつけることも当然できないのに、なぜ武道家は鹿島神宮にこ

もるのでしょうか。タケミカヅチは雷神で、雷はひらめきの象徴。つまり、**武道の技や型がひらめくわけで、そんな霊感のはたらき、ひらめきがご利益です。**

鹿島神宮は、日本の東端にあり、太陽の昇る方角。始まりや上昇を表すことから、**出世やスター誕生など、ステージ上昇のご利益もあります。**旅立ち、門出のときは、「鹿島立ち」といって、鹿島神宮に旅路の安全や新天地での成功を誓います。私や経営者の友人も、鹿島神宮でタケミカヅチと接したことが、飛躍のきっかけになったと勝手に感謝しています。

タケミカヅチのご利益で飛躍した人の代表は、日本ナンバーワン貴族の藤原氏でしょう。藤原氏の氏神として奈良市の春日大社に祭られ、以来、藤原氏は千年以上も権力の中枢に居続けました。

古事記では、タケミカヅチは⑧アマテラスの使者として「アマテラスの子孫に国を譲れ」と⑤オオクニヌシと交渉し、国譲りを実現（実際に判断したのは③コトシロヌシ）。

さらに、アマテラスの子孫が九州宮崎から東へ向かって大和（現在の奈良県）を平定し、初代・㉛神武《じんむ》天皇に即位した建国神話「神武東征《とうせい》」でも、神剣を神武天皇に与え勝利に導きます。日本国の建国と天皇家の誕生を実現したタケミカヅチは、歴代天皇の信仰も篤く、毎年元旦に天皇が宮中で神に祈る儀式「四方拝《しほうはい》」では、鹿島神宮も拝しています。

神様のご利益 立身出世 必勝祈願 交通安全

こんな人にオススメ！ さらに飛躍したい人

21

フツヌシ

真実に目覚める　冷静に判断する

すべての邪気から解放する無敵の刀剣

神話や伝説、英雄の物語につきものなのは、聖剣エクスカリバーのごとき最強の武器でしょう。フツヌシは、日本書紀に登場する「無敵の刀剣」です。この刀剣の特徴は、敵を殺さないところ。敵を降伏するよう説得し、味方を毒気から解放し活力を与えます。殺人剣じゃなく活人剣ですね。

前項の⑳タケミカヅチが剣士、フツヌシが剣の関係で、「国譲り」「神武東征」の神話ではコンビで活躍したのです。前述した建国神話「神武東征」では、フツヌシが㉛神武天皇の最大のピンチを救います。熊野の神が放った毒気に神武軍がやられ、皆、意識不明の重体

になったのですが、フツヌシによる神剣の霊力で神武軍は覚醒しました。

毒気は、心や精神に作用する毒で、こういった「邪気」をすべて切り祓うのがフツヌシの霊力です。**自分をごまかさず、真実を見つめ、冷静に判断するご利益があります。**

要するに、**「自分に嘘がつけなくなる」**ということ。言っていることと、思っていることとの違いが大きいときほど、フツヌシの霊力に触れると辛くなります。フツヌシが祭られている神社に行って、居心地悪く感じたら、自分自身のあり方を根本から見直すチャンスにしてくださいね。

代表的な神社は千葉県香取市の香取神宮で、私は自分のあり方を正すため、精神のズレを矯正していただくために参拝しています。このフツヌシの霊力を求めて、多くの剣豪たちが香取神宮にこもり、流派を起こしました。香取神宮は、鹿島神宮と並ぶ日本武道の聖地なのです。

日本ナンバーワン貴族・藤原氏の氏神で、奈良市の春日大社にタケミカヅチと共に祭られます。鹿嶋市の沼尾神社もおすすめ。カーナビにも出ない小さな神社ですが、両神は、まず沼尾神社に鎮座され、その後フツヌシは香取神宮へ、タケミカヅチは鹿島神宮へ移ったと伝承がある、両神宮「原点」の神社です。

神様のご利益　厄除祈願　技芸上達　心身健全

こんな人にオススメ！　嘘がつけない人。真正直な人。
嘘が得意な人もある意味、いいかもしれません

22

アメノコヤネ

言葉が現実化する　タイミングよく出会う　仕事を得る

祝詞をあやつる神様の占い師

神様の世界の「占い師」です。⑧アマテラスが天岩戸にお隠れになったとき、外にお出でいただくべく、祝詞を唱え、神事を行う日時を占った神がアメノコヤネ（天児屋）でした。祝詞は神様に言う言葉で、神社で神に仕える人々が毎日唱えています。祝詞を唱えると、神様が表れるわけですね。

大祓詞の作者は中臣金かもと申し上げましたが、アメノコヤネは中臣氏の祖神で、大祓詞の作者ともされます。㉔中臣鎌足と中臣金は天智天皇を補佐する政治経済の最高権力者でしたが、国家の神事・祭祀も担当しました。その後、藤原氏の氏神になり、奈良市の春

日大社に祭られます。

「また藤原氏かっ！」と思われそうですが、はい、また藤原氏です。最強の武闘派⑳タケミカヅチ、㉑フツヌシだけでなく、最強の占い師アメノコヤネまで味方にしたのですから、千年以上も権力の中枢に居続けるわけですね。

ご利益は、タイミングが良くなること。たとえ良いことでも、タイミング次第で、悪いことになりかねません。良い出会いやお仕事を得るにも、実力や魅力、人脈に加えて、タイミングが大事。アメノコヤネは、このタイミングを、より良いものに調整してくれます。

代表的な神社は東大阪市の枚岡《ひらおか》神社。春日大社の神四柱のうち二柱は、枚岡神社のご祭神アメノコヤネとその妻ヒメミカミ（比売御神）です。そのため枚岡神社は「元春日」とも呼ばれます。

アメノコヤネは祝詞の神で、言霊の神です。タイミング以外のご利益として、言葉がより適切になります。たとえ良い人でも、たとえ良いことをしていても、言葉のつたなさや行き違いで誤解されることは多いもの。

ご神前に立ち、適切な言葉で、自分に嘘なく伝えたことは、必ず実現します。**言葉が現実化するパワーを、アメノコヤネは授けてくれます**よ。

神様のご利益 心願成就 厄除祈願 家内安全

こんな人にオススメ！ タイミングさえ良ければと残念に感じている人

始めたことを形にする　補い合う人間関係を築く

オオナムチ・スクナビコナ

日本国をつくった凸凹コンビ

日本の国づくりの神といえば、オオナムチ（大己貴・大那牟遅）と小人神スクナビコナ（少彦名）の大小コンビです。スクナビコナは⑱カミムスビの子で、一寸法師のモデルとしても知られます。日本書紀などによれば、両神は全国を回り、人間と動物の医療、農業における鳥獣害・虫害対策、温泉治療、酒造りなどを伝え、国の基礎を築きました。医薬品業界や酒類業界からの信仰は現代でも篤いものがあります。

オオナムチは⑤オオクニヌシの別名。それをまた紹介するのは、オオクニヌシはいろい

ろな神様が合わさってできているようだからです。

オオナムチの名は、スクナビコナとのコンビで、多くの文献・伝承にて語られています。「大＋ナ」「少＋ナ」と明らかにセットで、**国づくりの神はこの大小コンビ**なのでしょう。

もし**「経営の神様」**を選ぶなら、オオナムチ・スクナビコナでしょう。日本書紀によると、両神は心をひとつに力を合わせて「経営天下」、つまり天下を経営しました。国づくりとは天下をつくることで、両神は経営者のお手本です。それだけに歴代の天下人は、両神を篤く信仰しています。

私が神社を「仕事」としてお伝えするようになったのは、両神を含む開拓三神と(88)明治天皇を祭る札幌市の北海道神宮がスタート。それまではただ趣味で神社が好きなだけでしたが、突然パワースポットの旅行ガイド制作の依頼がきて、「北から順に書こう」と参拝したのです。両神は、**北海道開拓の守護神で、「始めたことを形にする」「事業を発展させる」ご利益があります**。私の神社関係の仕事も、おかげさまで発展しました。

他に両神を祭るのは、茨城県ひたちなか市の酒列磯前《さかつらいそさき》神社、東京都千代田区の神田神社（神田明神）、和歌山市の淡嶋神社などがあります。**事業発展や、長所を伸ばし、欠点をカバーする、そんなお互いを補い合える人間関係のご利益を期待できる**でしょう。

神様のご利益
商売繁盛　身体健全　立身出世

こんな人にオススメ！　起業家や経営者、何か事業を起こした人

藤原鎌足

あなたの身を守る　不利な戦いをサポートする

――日本最強のナンバー2
藤原氏の始祖

「この子は、将来、国のために立派な仕事をする人です。しっかり育てなさい」。ある妊婦の夢の中に白狐が現れ、そう言って「稲刈りの鎌」を授けました。その子こそ藤原鎌足。藤原姓は死後にいただいたもので、生きているときは中臣鎌足。日本ナンバーワン貴族・藤原氏の始祖です。中大兄《なかのおおえの》皇子《おうじ》（のちの天智天皇）の側近として、蘇我氏を滅ぼし、「大化の改新」を成し遂げました。

違和感を抱いた方もいるかもしれません。「神様の紹介なのに、なぜ人間を出すの？」と。

24番目にして、初めて実在の人物が神に登場です（⑬八幡神たる応神天皇は実在の可能性

あり)。神社の神様は2タイプあります。ひとつは自然信仰で太陽、月、海、山、風など。もうひとつが祖霊信仰、つまりご先祖様信仰ですが、氏族の「祖」「初代」が神になります。中臣氏の祖㉒アメノコヤネ、物部氏の祖⑮ニギハヤヒ、天皇家の祖⑧アマテラスなど。そして、藤原氏の祖で初代が藤原鎌足です。

鎌足を神として祭る神社があります。奈良県桜井市の談山《たんざん》神社です。創建678年、鎌足の息子2人が創建しました。次男の不比等《ふひと》は、天皇家と次々に婚姻関係を結び、藤原氏に最初の黄金時代が到来します。

藤原鎌足のご利益は、ピンチから身を守ること。不利な戦いをうまく乗り切るサポートが得意です。藤原不比等は、壬申の乱で父の中臣氏の一族が負けて処罰され、有力者に誰も味方のいないなか、下級役人から異例の出世を遂げました。

また、中世以降に突然信仰されるようになった軍神のお地蔵様「勝軍《しょうぐん》地蔵」は、藤原鎌足の化身説があるほどです。

藤原鎌足は神様としてかなり強力ですが、神社も少なく、ほんの一部の人しかそのことを知りません。だからこそ、本書でぜひ紹介したかったのです。鹿嶋市の下生《しものう》鎌足神社、福島県須賀川市の鎌足神社、鎌倉市の鎌足稲荷社などでも祭られています。

神様のご利益
身体健全 必勝祈願 良縁成就

こんな人にオススメ! 不利な状況を打開したい人

25

穏やかな心になる　心身の疲れを癒やす　気力が充実する

カモタケツヌミ

――サッカー日本代表でおなじみ
平安に導く三本足のカラス

サッカー日本代表のエンブレム三本足の烏ヤタガラス（八咫烏）に化身した神がカモタケツヌミ（賀茂建角身）です。日本神話では、(81)神武天皇を大和の橿原《かしはら》まで道案内しました。平安京といえば、この神様でしょう。桓武《かんむ》天皇が平安遷都のために行幸《ぎょうこう》（天皇の外出）された際、最初にカモタケツヌミを祭る下鴨神社で成功のご祈願が行われました。

ご利益は、「平安」に導くもので、「気持ちが穏やかになる」「心身の疲れを癒やす」「気力が充実する」など、ホッとした気持ちにさせてくれるでしょう。平安京をつくる際に、

神様のご利益　開運招福　交通安全　国家安泰

桓武天皇が最も頼みにした神様です。

①で登場した下鴨神社の正式名称は「賀茂御祖神社《かもみおやじんじゃ》」。京都市左京区の出町柳《でまちやなぎ》駅近くにあります。鴨川の下流にあるから「下鴨」で、カモタケツヌミとその娘で「良縁・子育て」の神㉛タマヨリヒメがご祭神です。

私自身、下鴨神社が大好きで、だからこそカモタケツヌミにも関心を持ちました。京都が千年以上も日本の首都であり続けたのは、ご利益によるところが大きいでしょう。

京都の「裏の」重要拠点が、下鴨神社から高野川を上った地にある御蔭《みかげ》神社です。太古にカモ（賀茂・鴨・加茂）の神が降臨した地とされ、カモタケツヌミとタマヨリヒメの荒魂が祭られています。

御蔭神社では、葵祭《あおいまつり》の3日前に御蔭祭が行われます。その内容は、御蔭神社に降臨したカモタケツヌミらの神霊を榊に移して、下鴨神社のお社までお連れすること。葵祭のたびに霊力を充電し、京都の霊力も再生されるのです。

カモタケツヌミが化身したヤタガラスは、熊野の神のお使いとしても信仰されています。古事記では⑱タカミムスビの使い、日本書紀では⑧アマテラスの使い。**危ない場所を安全に道案内するはたらきがあります。カモタケツヌミの導きで心身の平安を守りましょう。**

こんな人にオススメ！　情緒不安定な人

26

成功して名を上げる　故郷を守る
イマキノカミ

皇太子を守護した百済王の神

イマキノカミ（今木神）は、日本神話にまったく登場しない、地域の伝承もない謎の神です。その正体不明の神は、天皇になれるはずのなかった2人の皇族を天皇にします。平均寿命30歳前後の時代に史上最高齢の62歳で即位した光仁《こうにん》天皇と、その息子で、生母の地位の低さから青年期は官僚として教育された桓武天皇です。どんな神か気になりますね。

桓武天皇の即位後、イマキノカミは朝廷で急激に出世（神様にも官位あり）、イマキノカミを信仰していた高野新笠《たかののにいがさ》（桓武天皇の生母で、光仁天皇の妃）の父母と一緒に最高位

の正一位まで達しました。それだけご利益も大きかったのでしょう。

イマキノカミなど謎の四柱の神をお祭りするのが、京都市の平野神社です。北野天満宮の北門から徒歩5分もかからない場所で、私も両神社によく参拝します。かつて平野神社の例大祭は、全国で唯一の皇太子が祭主で（祭りの主催）、皇太子を守護する神社でした。

つまり**イマキノカミのご利益は、皇太子を守り、次の天皇に導くこと。**となると、大半の人には関係なさそうですが、そうではありません。**立身出世のご利益があります。**

光仁天皇や桓武天皇の頃、皇族は権力争いで殺されたり、罪に問われたりと、すぐ危ない目に遭う時代でした。その危ない目を巧みに慎重にすり抜けて、2人は天皇になったのです。立身出世は、能力があればできるわけではありません。**出世争いは激しくも微妙なもので、その難しい対応をサポートする**のが、イマキノカミなのです。

故郷を守るご利益もあります。光仁天皇の即位後、桓武天皇（当時は山部親王）と高野新笠はイマキノカミを祭るのですが、彼女は百済系の渡来系氏族（海外から日本に移住した一族）でした。百済は660年まで朝鮮半島に存在した王国で、滅亡後、多くの百済人が日本に帰化します。イマキノカミは百済の国王説があり、故郷を失った百済の神だからこそ、**参拝者の故郷を守りたい思いをサポートしてくれる**でしょう。

神様のご利益　立身出世　家内安全　良縁成就

こんな人にオススメ！　出世街道を歩みたい人

27

資産の形成を手伝う　現実的な対応力が身に付く

ウカノミタマ

──「狐じゃなくお米です」食べ物と商売の神お稲荷さん

お稲荷さんと親しまれる我々に最も身近な神ウカノミタマは、古事記では宇迦之御魂、日本書紀では倉稲魂と表します。「お稲荷さんって狐ですよね」と言われますが、稲荷なので稲です。「宇迦」は食物、特に稲のこと。その稲の神の使いがお狐さんで、狐が田畑に現れると、ウカノミタマが来る前触れとされていました。

ご利益は衣食住のサポートです。稲から収穫する米は豊かさの象徴で、稲の神・食べ物の神として、広く信仰されたのですが、時代を経て、神としての性格が変わります。

具体的には、**「お米の神」から「お金の神」へ変化**しました。かつて武士の給料はお米の生産量で表しましたが、現代の給料はお金です。生活の中心がお米からお金に変化し、**ご利益もお米を得ることから、お金を得ることに変化**したわけですね。

ウカノミタマは衣食住のサポートをするために、我々に現実的な対応力をつけるよう促してくれます。稲荷は「意・成る」で、お稲荷さんの神社では具体的な意を伝えるのも現実的な対応力をつける訓練です。「○○が欲しい」では、「欲しい意」が成ります。つまり、欲しがる気持ちが強くなるだけ。**「○○のために、△△します」とお伝えしてみてください。△△の実行がスムーズになるでしょう。**

ウカノミタマを信仰したのが、秦の始皇帝をルーツに持つ渡来系氏族・秦氏です。養蚕《ようさん》、機織《はた》り、農耕、酒造、工芸などの高度な技術者集団で、平安京や長岡京をつくりました。秦氏の祖霊を祭る私的な神社として始まったのが、京都市伏見区の伏見稲荷大社《ふしみいなりたいしゃ》。全国に三万社以上あるお稲荷さんの総本宮で、お社の数だけなら、⑬八幡神より多く日本一です。

平安仏教のスーパースター弘法大師・空海は伏見稲荷大社と関係が深く、空海の真言宗総本山・東寺の建設では、木材を伏見の稲荷山より調達しました。秦氏の私的なお社は、東寺の守護神として真言密教の拡大をサポートしました。

神様のご利益　金運向上　五穀豊穣　技芸上達

こんな人にオススメ！　より豊かな暮らしを手に入れたい人。明確な目標がある人

28

安定、秩序をもたらす　権力を守る
オオヤマクイ

首都を鬼から1200年以上守り続ける鬼門・裏鬼門の神

秦氏の神社で、伏見稲荷大社と並び有名なのが、京都市の嵐山にある松尾大社です。上賀茂神社・下鴨神社と並ぶ京都最古の神社で、ここにオオヤマクイ（大山咋）はお祭りされています。大きな山の主を意味し、松尾大社のご神体は松尾山《まつおやま》。比叡山《ひえいざん》の神でもあり、日吉大社（滋賀県大津市）にも祭られています。松尾山と比叡山は、秦氏の聖地でした。

オオヤマクイは、京の都を鬼から守護する役割で、鬼門（北東）の比叡山、裏鬼門（南西）の松尾山に配置されているのです。平安時代に盛んだった陰陽道では、北東は鬼が入

ってくる方角とされ、鬼は不吉なこと、祟りなど悪いことの象徴でした。対角の裏鬼門とセットで要注意なのですが、その**「鬼を防ぐ最強の神」**がオオヤマクイです。

ちなみに、赤坂の日枝《ひえ》神社でも江戸の守護神として祭られ、今も皇居の裏鬼門、首相官邸のお隣で、首都東京を守り続けています。**悪いこと、不吉なことから守ることに関しては、日本で最も頼りにされ、国のトップが評価してきた神様**でもあります。

鬼門を恐れるのは日本独特で、風水では鬼門（北東）は変化を表します。権力者にとって変化は、権力を失うことを意味します。**変化を防ぐのがオオヤマクイのご利益で、安定や秩序をもたらします。**オオヤマクイの使いが、ゆっくり動く亀なのもイメージにぴったり。**「今の生活を守りたい」「安定した生活をしたい」「始めた事業を定着させたい」「治安を守りたい」などの願望に対応します。国家に関わる仕事に就きたい人にもよい**ですね。

オオヤマクイは酒造の神としても、⑥オオモノヌシと並ぶツートップで、秦氏が酒造の技術を持っていたからでしょう。日吉大社には両神がダブルメインで祭られています。

もうひとりの平安仏教のスーパースター伝教大師・最澄は、オオヤマクイの比叡山に延暦寺を創建しました。空海の東寺が伏見稲荷大社なら、最澄の延暦寺は日吉大社と結びついたのです。空海・最澄のどちらとも関係が深かった秦氏、おそるべしですね。

神様のご利益
家内安全
心身健全
交通安全

こんな人にオススメ！
守りたいものがある人。安定した成果を求めている人。国の仕事に就きたい人

29

変化を促す　学ぶ姿勢が身に付く　受験に合格する

天満大自在天神

——学問の神「天神さん」は日本三大怨霊だった

鬼を防ぐ神の次は、鬼を紹介します。学問の神「天神さん」で有名な天満大自在天《てんまだいじざいてん》神《じん》です。「天神さんが鬼?」と意外に思う方もいるかもしれませんが、「平安最強の鬼」でした。宇多天皇の最側近として藤原氏に対抗した菅原道真《すがわらのみちざね》が、死後に神格化した「日本で最も有名な怨霊」です。

醍醐《だいご》天皇の御代に、菅原道真は九州の太宰府に左遷され、まもなく死去するのですが、すると藤原氏などの有力貴族が次々と死亡。さらに皇太子になった醍醐天皇の息子と孫が相次いで死亡し、「祟りだ!」と風評が立ちます。醍醐天皇は菅原道真の左遷を取り消し(死

んでますが）、太宰府天満宮《だざいふてんまんぐう》（福岡県太宰府市）の元となる神社を建てました。

しかし、御所の清涼殿で落雷事件が起こり、多くの死傷者が出ます。醍醐天皇もショックで体調を崩し、3か月後に崩御。菅原道真はますます恐れられ、落雷が京都の北野の地に祭られていた雷神と結びついて創建されたのが、北野天満宮です。歴代天皇も藤原氏もこぞって恐れ敬い、平安時代後期には、朝廷が特に大事にする二十二社に選ばれるほど、格式高い神社になったのです。

ただ、北野天満宮は私にとって地元の神社ですが、怨霊とは想像もつかない、穏やかで、にぎやかな神社です。実際、道真が才能ある学者・詩人だったことから、近年は**「学問の神」**として信仰されています。

天神さんを主祭神（メインの神）で祭る神社の数は、⑬八幡神、⑧アマテラスに次いで3番目に多く、特に**受験の合格では定番の神様**ですね。私も中学受験を祈願したら、母の夢に天神さんのお使いである牛の像が現れたそうで、無事に志望校に合格しました。

合格よりも本質的なご利益は、学ぶ姿勢を身に付けること。鬼なので、変化を防ぐ㉘オオヤマクイの反対で、変化をもたらしますが、**変化は学び続けることから生まれます。より良く、より新しくです**ね。

神様のご利益　受験合格　技芸上達　学業成就

こんな人にオススメ！　変化を促したい人。想像以上の成果を求めている人。受験合格を目指す人

30

実を結ぶ　いい結果が出る　前祝いして願いを叶える
御歳神

恵方巻きとお正月でおなじみ「今年の福徳」をもたらす神

節分の恵方巻き、お正月の門松・鏡餅・注連《しめ》縄・お年玉。日本でおなじみのこの行事、一体何のために行うのでしょうか。それは御歳神《みとしのかみ》を我が家にお迎えするためです。

年神《としがみ》、歳徳神《としとくじん》ともいって、**毎年正月に各家にくる神**です（サンタみたいですね）。

門松は御歳神が寄りつく依り代、鏡餅は年神へのお供え物です。その鏡餅のお下がりのお餅は「おとしだま」、つまり御歳神の魂で、お年玉の由来です。

恵方は、その年に御歳神がおられる方角と、陰陽道では考えられています。恵方巻きを

食べるときは、神様のいる方角を向くわけですね。節分は立春の前日で、もうひとつの年越しの日です。明治5年まで使用された旧暦では、元日は月の満ち欠けを基準とした新年、立春は太陽の運行を基準とした新年でした。

日本の風習におそろしく密着した神ですが、国家にも大事な神で、それは御歳神の総本社である奈良県御所市の葛木御歳《かつらぎみとし》神社の歴史からわかります。国家の祭祀で特に大事なのは、その年の収穫に感謝する新嘗祭《しんじょうさい》と、今年の豊作を祈願する祈年祭《きねんさい》です。両者はセットで、祈年祭はいわゆる予祝《よしゅく》にあたり、あらかじめ豊作を前祝いします。この神社には特別に「白馬・白猪・白鶏」を奉るのが決まりでした。実は御歳神も、㉗ウカノミタマと同じく稲の神で、年・歳は、稲や穀物、稲の実りを指します。**努力が実を結ぶのもご利益です**ね。ちなみにウカノミタマとは姉妹です（あるいはウカノミタマの姪とも）。

かつて元日や節分の日は、自宅から見て恵方の方角にある神社に参拝するのが一般的でした。鉄道網の発達などで近年その風習は廃れましたが、人々の開運に大きな役割を果たしてきたのです。私も恵方詣り（その年の恵方にある社寺に参拝）した年は、会社で予想外の出世をしました。恵方に神社がなければ、恵方へ一度向かってから、お好きな神社に参拝してください。

神様のご利益
開運招福
五穀豊穣
金運向上

こんな人にオススメ！ 努力をしているのになかなか報われない人

31

子育てに効く　良い縁を運んでくれる　作品の創造に効く
タマヨリヒメ

──天皇・皇后の母は紫式部も頼った「生み出す」創造の神

京都市の下鴨神社のご祭神は、㉕カモタケツヌミとその娘で良縁・子育ての神タマヨリヒメ（玉依姫）でしたね。そのタマヨリヒメ、すでに登場しています。③コトシロヌシが結婚した相手です。娘2人は初代・(81)神武天皇の皇后と第2代・綏靖《すいぜい》天皇の皇后。息子の賀茂《かも》別雷《わけいかずち》は上賀茂神社のご祭神です。タマヨリヒメは子供を生み育てた母として、「良縁・子育ての神」と信仰されます。

それだけでなく、**作品を生むような創造の神としても、お力を発揮**されます。

日本文学史に残る傑作『源氏物語』の作者・紫式部は、タマヨリヒメを祭る片岡社（上

神様のご利益　良縁成就　仕事開運　安産祈願

賀茂神社第一摂社）に参拝しており、彼女が片岡の社を読んだ和歌もあります。

また、日本三大随筆で名高い『方丈記』の作者・鴨長明は、タマヨリヒメを祭る河合神社（下鴨神社の摂社）の神職を希望するほど、ご縁が深い人物でした。

女性が家庭や仕事で力を発揮するのに、タマヨリヒメは最適なご利益を与えてくださいます。男性も素敵な女性とご縁を結ぶこと、優れた作品を生むことに良いですね。タマヨリヒメの神社は、個人的にも居心地よく、そこに居るだけで幸せな感覚を味わえます。

前述しましたが、京都市左京区の御蔭神社でタマヨリヒメの荒魂が祭られています。タマヨリヒメの神霊も御蔭神社に降臨し、年に一度、京都の霊力を充電しているのです。水で有名な京都市左京区の貴船《きふね》神社は、タマヨリヒメが創建し、水神を祭ったとか。

どの神社もそばに印象的な川が流れ、タマヨリヒメは水の流れと特に関係があります。水の流れは、罪ケガレをみそぎ祓い、心身を新鮮な状態に戻します。**心と体のリフレッシュも、ご利益といえる**でしょう。

きっと混乱すると思いますが、龍宮の王⑩ワタツミの2人の娘のうち、妹もタマヨリヒメです。姉(80)トヨタマヒメの息子(96)ウガヤフキアエズを乳母として養育、さらにウガヤフキアエズと結婚し、初代・神武天皇を生みました。実質的な日本国の生みの親でしょう。

こんな人にオススメ！　家庭や仕事で力を発揮したい女性。素敵な人とご縁を結びたい男性

32

失恋から立ち直る　物事が長続きする

イワナガヒメ

モテ男はびびりモテ女はすがる最強のブス女神

「ブスの女神といえばこの方です」と言ったら、バチ当たりだと心配されそうですが、日本神話にそう書いているので仕方ありません。バチが当たるとしたら、古事記や日本書紀をつくった人でしょう。古事記では石長比売、日本書紀では磐長姫です。漢字で想像できる通り、**「石や岩の神様」**です。

イワナガヒメに祈った人といえば、平安時代の著名な女流歌人・和泉式部です。日本文学史上初めてカーセックス（当時は牛車）を書くなど、破天荒な彼女が参拝したのは京都市左京区の貴船神社・結社《ゆいのやしろ》。貴船神社は奥宮・結社・本宮があり、結社は縁結び神社として、平安時代にはすでに有名でした。

和泉式部は多くの皇子・貴族と恋愛し、良くも悪くも有名なモテ女でしたが、その彼女がなぜイワナガヒメに参拝するのでしょうか。

イワナガヒメは神話で、女性として悲しい扱いを受けます。⑧アマテラスの孫神㊲ニニギは、美しい妹の㊶コノハナサクヤヒメにほれて求婚しますが、姉妹の父である山の神㊳オオヤマツミは何を思ったのか、「それなら姉のイワナガヒメも一緒に結婚を」と姉妹を送ります。しかし、「容姿がブスだから」とイワナガヒメだけ送り返されました。

つまり、ひどい失恋を経験したから**「恋愛の神」**なのです。日本の神は挫折したことがご利益になります。またイワナガヒメには**「岩のように永遠に続く」**ご利益があり、拒絶したニニギやその子孫は寿命が短くなったのだとか。

ですから、**イワナガヒメを信仰している人は、始めたことに粘り強く取り組み、着実に実績をあげ、長続きする**傾向にあります。

静岡県賀茂郡雲見の雲見《くもみ》浅間《せんげん》神社、静岡県伊東市の大室山浅間神社、岐阜市の伊豆神社にはイワナガヒメのみ祭られ、福岡県糸島市の細石《さざれいし》神社には、妹のコノハナサクヤヒメと一緒に祭られています。

神様のご利益
良縁成就 家内安全 健康長寿

こんな人にオススメ！

恋愛成就したい人。

何をするにも長続きしない人

33

スサノオ

心身の成長・成熟を促す　ここ一番の決意を後押しする

最凶の不良は更生し、出雲の英雄に

私は何か悩みや迷い、目標があればスサノオを祭る神社に参拝します。いざ拝殿にてご神前に立つと、事前に願うつもりのことが変化します。たとえば「この本が売れますように！」が、「立派な作家になります！」になるなど。スサノオへの依頼が、スサノオへの誓いに変化していますね。**スサノオのご利益は「心身の成長・成熟」です。**

スサノオは⑲イザナミ・イザナギの子ですが、神々の世界を2度も追放される札付きの不良です。父神イザナギは、スサノオに海原を治めるよう命じますが、黄泉国にいる母神

イザナミに会いたいと泣き続けてさまざまな災いを起こし、イザナギより1度目の追放を食らいます。追放前にスサノオは、高天原《たかまがはら》へ昇り、姉⑧アマテラスと「誓約《うけい》」なるゲームのような儀式を行い、スサノオは「勝ち」を宣言。調子に乗って高天原で器物を破壊しまくったため、アマテラスは天岩戸に隠れます。神々の努力で岩戸が開かれた後、高天原から2度目の追放をされました。

地上に降臨したスサノオは一転、出雲で住民を困らせていた怪物ヤマタノオロチを退治し、助けた女性と結婚。日本最初の和歌「八雲立つ～」を詠む知的な成長も見せます。

⑤オオクニヌシを覚えていますか？　のちにスサノオの娘と結婚するのですが、スサノオはオオクニヌシに試練を与え指導しました。不良→英雄→夫・文化人→親・教師と成長・成熟するのがスサノオの真骨頂。良き教師として、**参拝者の成長や決断も後押ししてくれる**でしょう。

和歌山の熊野詣でを有名にしたのは白河上皇でした。スサノオを祭る熊野本宮大社へ9回も参拝し、藤原氏を弱らせ、天皇を退いた上皇・法皇が実権を握る院政を始めます。白河上皇はスサノオのご利益で天下を握ったのです。以降、院政をしいた上皇3名は、各人20～30回超の熊野詣でをする異様な熱意で（当時は徒歩ですよ！）、天下を治めました。

神様のご利益
厄除祈願　心身健全　技芸上達

こんな人にオススメ！　成長したい人。優柔不断な人

34

宗像三女神

海上交通の安全を守る　新しい情報や技術を得る

世界遺産になった神宿る島の女神

古代から現代まで、すぐご利益が出やすいと、いつも人気の宗像三女神《むなかたさんじょしん》は、⑧アマテラスと㉝スサノオの「誓約」の際に誕生した三柱の女神で、スサノオの剣から生まれました。

宗像三女神は、**日本と北東アジアを結ぶ玄界灘の神、海上交通の守護神**です。新しいモノ・知識・情報・人材は海からやってくるので、**ご利益は豊かさをもたらすコミュニケーションが活発化すること。**たとえば、**「大口の取引先が増える」「商品・サービスが人気になる」「新情報や新技術がもたらされる」**などです。

神様のご利益　交通安全　仕事開運　商売繁盛

朝鮮半島までの航路に宗像三女神がいます。沖ノ島の沖津宮《おきつぐう》に長女の田心姫《たごりひめ》、筑前大島の中津宮《なかつぐう》に次女の湍津姫《たぎつひめ》、陸に上がり宗像田島の辺津宮《へつぐう》に三女の市杵島姫《いちきしまひめ》が祭られています（タゴリヒメは⑤オオクニヌシの妻で、①アヂスキタカヒコネ、②シタテルヒメの母です。同じくタギツヒメも⑧オオクニヌシの妻で、③コトシロヌシの母です）。

これら三つの宮があるのが、世界遺産に登録されている福岡県宗像市の宗像大社です。中でも沖ノ島は神宿る島で、一般人の上陸禁止です。4世紀後半頃より沖ノ島で国家的な祭祀が始まり、日本神話で(83)神功皇后が朝鮮半島へ航海した時期と推測されます。

宗像三女神降臨の地とされる宗像大社・辺津宮の高宮祭場《たかみやさいじょう》は、「こんなすごいところならきっと神様がいるんだろう」と、理屈抜きに感動した場所です。私は「高宮割符《たかみやわりふ》」なる絵馬とお守りのようなお札を購入し、身近な人の発展を願ってお札を書き残しました。すると、その人の年収は10倍以上になったのです。

遣隋使・遣唐使を送る際、日本国は宗像大社で航海安全を祈る大規模な祭祀を行いました。遣唐使の廃止以降も宗像三女神は有力者に人気で、日本初の武家政権をつくった平清盛は、宗像三女神を祭る広島県廿日市《はつかいち》市の厳島神社を特別に信仰。華麗な社殿を造営し、のちに厳島神社も世界遺産になります。

こんな人にオススメ！　グローバルにビジネスをしている人

35

愛する才能が育つ　大事に守り育てられる　いい人に出会う

クシナダヒメ

夫を不良から英雄に変えた元祖あげまん

ピンチのときに白馬の王子様がやってきて救われる。そんな絵に描いたヒロインがクシナダヒメです（古事記：櫛名田比売、日本書紀：奇稲田姫など）。実際にやってきたのは、マッチョな不良男子㉝スサノオ。怪物ヤマタノオロチの生け贄になるところを助けてくれたのだから、頼りになります。

クシナダヒメの神社といえば、島根県松江市の八重垣《やえがき》神社で、夫のスサノオや子ないし子孫の⑤オオクニヌシと祭られています。神社名の「八重垣」は、スサノオが詠んだ日本最古の和歌「八雲立つ　出雲八重垣　妻込みに　八重垣つくる　その八重垣を」から来て

おり、簡単に意味を言えば、「妻をめちゃくちゃ守りたい」です。

つまり、**クシナダヒメのご利益は「守ってくれる人に出会う」こと**で、大人気の縁結び神社です。八重垣神社のご利益には、スサノオのご利益「守りたい人に出会う」もあって、この2つがセットなのは夫婦神ならでは。

クシナダヒメは倭撫子《やまとなでしこ》の語源とされ、「撫でるように大事に育てられた姫」です。クシナダヒメの父母は、母テナヅチ（手摩霊）・父アシナヅチ（足摩霊）で、「手足を撫でる」意味を持つからです（祖父は㊳オオヤマツミ）。

もうひとつ、クシナダヒメのご利益が「愛する才能」です。倭撫子は大事に育てられたからこそ、心理学でいう愛着形成がうまくいき、結果、愛する才能が素晴らしい。あのハチャメチャなスサノオがおさまるほどです。愛する才能が育っているから、愛され、大事にされるわけですね。

大事にされたい人は、八重垣神社の八重垣の中にぜひお入りください。本殿後方の佐久《さく》佐女《さめ》の森です。縁結び占いの鏡池が有名ですが、複数のお社も参拝されるとよいでしょう。

その他、島根県雲南市の須我神社はスサノオがヤマタノオロチ退治後に建てた宮殿です。関東ではさいたま市の氷川神社にスサノオ・㉓オオナムチと一緒に祭られています。

神様のご利益
家内安全
心身健全
良縁成就

こんな人にオススメ！
大事にされたい人。
自分を守ってくれる人に出会いたい人

運気を上げる神様ワーク③

最初の一歩を踏み出す宣言！

タケミカヅチのお力を借りて、
「私は○○を始めます」と宣言しましょう。

運気を上げる神様ワーク④

毒出しするためにやめたいことを神様に誓ってやめる

フツヌシのお力を借りて、
「私は○○をやめます」と宣言しましょう。

運気を上げる神様ワーク⑤

成し遂げたいことを具体的に宣言する

ウカノミタマのお力を借りて、
達成したいことを具体的にお書きください。
もし欲しいものがあるなら、 それを得るために成し遂げたいことです。

運気を上げる神様ワーク❻

願いをホップステップジャンプで表現する

宗像三女神のお力を借りて、
願望や目標を3ステップで表現します。

――〜が実現（そうしたら）⬇〜が実現（そうしたら）⬇〜が実現

例：交際する（そうしたら）⬇結婚する（そうしたら）⬇出産する

――

第3章

強力なパワーが欲しい

36

アメノオシホミミ

運命を変える　戦わないでうまくいく

神様界の皇太子は 戦わず勝利する神

古事記によると、名前は正勝《まさかつ》吾《あ》勝勝速《かつかちはや》日《ひ》天《あめ》之《の》忍《おし》穂《ほ》耳《みみ》。長いと突っ込みたくなりますが、⑧アマテラスの長男で、いわば神様界の皇太子。㉝スサノオがアマテラスの勾玉をかんで掃き出したら生まれました。

「邪心なし」との結果が出たスサノオが、誓約に勝ったと叫ぶ勝ち名乗りが「正勝・吾勝・勝速日」（まさに勝った・私が勝った・勝つこと日の昇るが如く早い）で、「勝利の神」です。この「正勝吾勝勝速日」、合気道の開祖・植芝盛平がよく唱えていたもので、戦わず勝つ合気道の大事な教えだとか。

アメノオシホミミは、どうにもならなそうな運命やしがらみを一変させる不思議なお力を発揮します。私が知る例をあげると、出会いがない中年男性に、何のラッキーかと思えるほどの女性が現れ、結婚する。何の実績もない人に、突然出版のオファーが来るなど、**叶いそうもないものが叶ってしまう。まさに人生を変えてしまう神様**です。

かつて源頼朝は、死刑が確実視されるなか、有力者の助命嘆願で伊豆への流罪で済みました。その後、アメノオシホミミを祭る静岡県熱海市の伊豆山《いずさん》神社を篤く信仰。やがて、伊豆山神社で兵を集めて戦いを始めた源頼朝は、武士の頂点に立ち、鎌倉幕府の初代将軍として天下人になりました。

さすが勝利の神ですが、神話では戦いません。国譲り神話で、アメノオシホミミには地上に降臨し統治するよう2度も命が下るのですが、1度目は物騒だと途中で引き返し、2度目は自身の息子を推薦して断ります。命令にただ従うのではなく、自身の力を見極めて、適切に判断したわけですね。面倒くさかっただけではとか言わないように！

他にアメノオシホミミを祭る神社は、滋賀県東近江市の阿賀神社（太郎坊宮）、福岡県添田町の英彦山《ひこさん》神宮、大分市の西寒多《ささむた》神社、長崎県壱岐市の天手長男《あめのたながお》神社など。運命を変えたい人、ぜひご参拝ください。

神様のご利益　厄除祈願　必勝祈願　技芸上達

こんな人にオススメ！　自分の運命を変えたい人。藁にもすがりたい人

37

ニニギ

生活力をつける　自分の役割がわかる　男性向けの縁結び

天皇の三大使命を授かった アマテラスの孫

「稲穂が豊かに実るこの国は、私の子孫が王となる地。わが孫よ、その地に就いて治めなさい。さあ、行きなさい。栄えること永遠でしょう」。皇祖の⑧アマテラスから、この神勅（神の与えた使命）を授かった「わが孫」がニニギで、皇孫《すめみま》とも呼ばれます。

この他に、「神聖な鏡を自身の宮殿内において、祭りを行うときに用いること」「高天原でつくる稲穂を、地上でも育て、この国を繁栄させること」の神勅を授かり、地上に降臨します。この3つは「アマテラスの三大神勅」と呼ばれ、今に続く天皇の使命です。三大神勅を果たすべく、ニニギはどれほど華々

しい活躍をするかと思いきや、女性で失敗しただけでした。

失敗例は、ひとつすでに申し上げました。㉜イワナガヒメを容姿が気に入らないと送り返したことです。拒否したために、寿命が縮みました。

もうひとつあります。降臨早々に㊶コノハナサクヤヒメにほれて結婚しますが、一夜にして妊娠したことに、「別の男の子供では?」と疑います。コノハナサクヤヒメは「本当にあなたの子なら何があっても無事に産める」と、産屋に火を放ち、その中で三柱の子を産みました。2人のその後の仲は不明ですが、想像するのも怖いですね。

ニニギを祭る神奈川県箱根町の箱根神社は、源頼朝が伊豆山神社と並んで篤く信仰しました。頼朝以外にも著名な戦国武将・政治家・スポーツ選手に信仰されています。

ニニギのご利益は、生活力がつくこと。生きづらさを感じる人たちが、当たり前に日常生活を送るサポートをします。「普通に平凡に生きる」が立派なことだと自覚することですね。神の失敗はご利益に転じるので、女性との関係をうまく築けなかったため、**女性とうまく関係を構築したい男性にもご利益がある**でしょう。

箱根神社の他には、宮崎県高千穂町の高千穂神社、ニニギの墓が隣にある鹿児島県薩摩川内《せんだい》市の新田神社、鹿児島県霧島市の霧島神宮、富山県高岡市の射水《いみず》神社などがあります。

神様のご利益
商売繁盛
良縁成就
五穀豊穣

こんな人にオススメ!
生きづらさを感じている人。
女性との縁が欲しい男性諸君

38

オオヤマツミ

大事なものを守る　ゆるがない心を持つ

GHQから神社を守った国防の神

オオヤマツミ（大山津見、大山祇、大山積など）は⑲イザナミ・イザナギの間に生まれた山の神で、日本の山の総元締めです。⑩ワタツミが海《ワタ》の神なら、オオヤマツミは「大いなる山の神」ですね。

鎌倉幕府を開いた源頼朝は、正月になると伊豆山神社、箱根神社、そしてオオヤマツミを祭る三嶋大社（静岡県三島市）を参拝しました。この三社へのお参りを「二所詣」といいます。三嶋大社は伊豆国一宮《いちのみや》（一宮：最も格式ある神社）。伊豆に流罪の源頼朝と、伊豆の豪族から天下を取った初代執権・北条時政の信仰篤く、鎌倉時代は伊豆パワー満開

でした。

オオヤマツミのご利益は、ゆるがない心、動じない精神です。山や海に行くと、自分の悩みがちっぽけなもの、どうでもいいものに思えたことはないでしょうか。オオヤマツミの雄大さ、ゆったりした懐の深さは、大きなものに守られている安心感もあるでしょう。

実際、**オオヤマツミは大事なものを守る神様**です。

代表的な神社である大山祇《おおやまづみ》神社（愛媛県今治《いまばり》市大三島）は、日本全体を守る日本総鎮守で、山本五十六《いそろく》ら大日本帝国海軍、海上自衛隊、海上保安庁の崇敬が篤いことで有名です。

第二次世界大戦で負けた占領下の日本で、GHQ（連合国軍総司令部）から日本の神社を守ったオオヤマツミの神社があります。神奈川県伊勢原市の大山阿夫利《おおやまあふり》神社です。日本兵の強さの秘密は神道にありと推測したGHQは、国家と神道を分離する神道指令を出します。「神社はつぶされる」と多くの人が覚悟するなか、ある神道学者のはたらきかけでGHQの幹部らが大山阿夫利神社を訪問。大山阿夫利神社で彼らをもてなし、GHQもこの場所を守りたくなったのか、神道は戦争の原因ではないと理解を得られました。今、神社が日本に残っているのは、オオヤマツミのおかげなのです。

その他、オオヤマツミは各地の大山祇神社、三島神社などに祭られます。

神様のご利益
国家安泰
神恩感謝
家内安全

こんな人にオススメ！　命に代えても守りたいものがある人

39

仕事に恵まれる　商売がうまくいく
フトダマ

神と人をつなぐ占いと経済の神

フトダマは、㉒アメノコヤネと同じく、**神の世界の占い師。**古事記ではフトダマ（布刀玉）、古語拾遺《こごしゅうい》ではアメノフトダマ（天太玉）です。**金運に強い神様**で、フトダマを祭る千葉県館山《たてやま》市の安房《あわ》神社は、著名な経営コンサルトの故・船井幸雄氏曰く、参拝すれば「一生お金に困らない」と、三大金運神社にあげるほどでした。**フトダマは「産業の神」でもあり、つまり「経済活動の神」です。**商売している方なら、一度はご参拝ください。

私も安房神社に参拝すると、お仕事の依頼がよくきます。知人も安房神社に参拝すると

すぐにいい仕事が決まり、よく参拝する千葉の友人は、年商1億円を超えました。

神社で神様を祭る基本はフトダマがつくりました。玉串拝礼、注連縄、鏡の使用など。これらは祭祀に使用する道具で、神と人をつなぎます。祭祀の基本は天岩戸神話にあり、岩戸に隠れた⑧アマテラスを出す案が良いかどうか、フトダマはアメノコヤネと共に太占《ふとまに》なる占いを行います。その案の実行時、榊の枝に勾玉や鏡などをかけ、アマテラスへの捧げものとして持ちます。神社で玉串拝礼と呼ぶ儀式です。アマテラスが鏡に映る自身の姿を見ようと、天岩戸の扉を少し開けて出てきたところを、怪力の神が引っ張りだし、フトダマは天岩戸に注連縄を張って入れなくしました。

フトダマを祖とする忌部氏《いんべうじ》は、アメノコヤネを祖とする中臣氏と共に、朝廷のご神事を担いました。しかし、中臣氏の勢力拡大で祭祀の職務から外され、いつしか表舞台から消えます。政治の世界では消えましたが、織維産業や建設業をはじめ、忌部氏は商工業の世界で活躍。多くの産業や建設業をつくった重要な一族です。

余談ですが、織田信長は元をたどると忌部氏で、祖神はフトダマです。楽市・楽座、堺の支配などで経済を活性化した信長は、産業の神フトダマに似ていますね。

フトダマは奈良県橿原市の天太玉命神社、京都市の金札宮《きんさつぐう》などで祭られています。

神様のご利益　仕事開運　商売繁盛　金運向上

こんな人にオススメ！　ズバリ経営者。行って損はないでしょう

40

才能が花開く　財産を築く

弁才天

七福神の紅一点は才能開花と財運の女神

宝船に乗った七福神をご存じの方も多いでしょう。七福神の中で唯一の女神が弁才《べんざい》天《てん》です。略して「弁天」「弁天さん」とも言われます。ちなみに大黒さんは⑤オオクニヌシです。

弁才天は仏教の守護神で、ヒンドゥー教の女神サラスヴァティーが仏教に取り込まれた姿です。さらに、日本神道に取り込まれて㉞宗像三女神のイチキシマヒメと習合（合体）しました。つまり合体・同一視されたのです。

サラスヴァティーは水と豊穣の女神で、インド最古の聖典「リグ・ヴェーダ」によると、

聖なる川「サラスヴァティー川」の化身でした。流れるものすべての女神で、特に言葉や弁舌、知識や音楽などの神ですが、8本の手に武器を持つ戦闘神の形態もあります。2本の手の形態だと、多くは楽器の琵琶を持っていますね。

ご利益は、「才能の発揮」「お金を得ること」「戦いに勝つこと」です。音楽や絵画など芸術の才能開花や、美しさを磨くこと全般もご利益ですね。

天下人が大きく力を借りた弁才天の神社は、神奈川県藤沢市の江島《えのしま》神社です。『太平記』によると、鎌倉時代初期に幕府の実権を握った初代執権・北条時政は、江の島の岩屋洞窟に21日間こもります。すると、弁才天が出現。「子孫は永く日本の主になる」と予言し、大蛇となって海に姿を消します。あとには3枚の大きな鱗が残され、北条時政はその3枚の鱗を家紋にしたとか。

江島神社は日本三大弁天です。滋賀県長浜市にある竹生島《ちくぶしま》の宝厳寺《ほうごんじ》、広島県廿日市市の大願寺《だいがんじ》、芸能系に人気の天河大辨財天社《てんかわだいべんざいてんしゃ》（奈良県吉野郡天川村）も三大弁天とされます。一社多いと突っ込まないでください！

元々インドでは魔神を倒す戦闘の神です。それだけに、**厳しい競争やサバイバルでも大いに助けになる女神様**です。

神様のご利益　技芸上達　金運向上　必勝祈願

こんな人にオススメ！　才を発揮して、お金持ちになりたい人

41

実力以上の力を発揮できる コノハナサクヤヒメ

東西を統合する 桜と富士山の神

日本のシンボル富士山の神にして、桜の花の神が、コノハナサクヤヒメ（古事記では木花之佐久夜毘売）。これまでに登場した㊳オオヤマツミの娘、㉜イワナガヒメの妹で、本名はカムアタツヒメ（神阿多都比売）です。全国の浅間神社で祭られ、「火のエネルギーの神」でもあります。

実は2022年、要注目！　2022年の大河ドラマ「鎌倉殿の13人」の主人公・北条義時を天下人に押し上げたのがコノハナサクヤヒメでした。北条義時は、初代執権・北条時政の次男で、鎌倉幕府の第2代執権。静岡県富士宮市の富士山本宮浅間大社《ほんぐうせんげんたいしゃ》、山梨県富

士吉田市の北口本宮冨士浅間神社への崇敬の念は篤いものがありました。富士山の噴火を防ぐための神社ですが、より一般的な**コノハナサクヤヒメのご利益は、桜の花のように才能を開花し、表現することです。**

そのためには、普段以上の力を発揮することですが、コノハナサクヤヒメがサポートしてくれるでしょう。夫の㊲ニニギのところですでに申し上げた神話ですが、産屋に火を放って三柱の子を出産するなんて、無茶なことをしますよね。

北条義時も、無茶なことをやり遂げます。承久の乱で、後鳥羽上皇は北条義時の討伐命令を出します。しかし、予想に反して、北条義時は勝利します。武士が上皇を攻めるなど、当時は考えられないほど、上皇は絶対的な存在だったのにもかかわらず、です。

これで鎌倉幕府は全国政権になりました。東日本の幕府と西日本の朝廷が、幕府が主になる形で再び天下統一したのですが、東西の統合は、コノハナサクヤヒメのパワーです。

富士山は東日本と西日本の間にあり、日本一の高さと火山の上昇エネルギーで、両極を三角形のように統合する力がはたらきます。**対立を強力にまとめ上げ、抑え込む強さもコノハナサクヤヒメのご利益です。**大事な本番で実力以上の力を発揮したい方は、全国の浅間神社にご参拝ください。

神様のご利益
心願成就　安産祈願　金運向上

こんな人にオススメ！
無茶してでも頑張りたい人。
大事な本番を控えている人

シナツヒコ

情報発信力が高まる　変化の先読み　SNSで人気が出る

元寇を防いだ風の神は、風の時代に最適な情報の神

「風の神」であるシナツヒコは、古事記では志那都比古、日本書紀では級長津彦と表します。シナは「息が長い」という意味で、⑲イザナミが朝霧を吹き払った息から生まれました。伊勢神宮内宮の風日祈宮《かざひのみのみや》、伊勢神宮外宮の風宮《かぜのみや》にて、女神の級長戸辺《シナトベ》と共に祭られ、男女コンビのようです。

第8代執権・北条時宗の時代、元と高麗の連合軍が日本侵攻を2度企てた元寇（蒙古襲来）の際、神風が吹いて撃退した伝説でシナツヒコは一躍有名に。伊勢神宮でも内宮の風《ふう》神社《じんのやしろ》・外宮の風社《かぜのやしろ》のランクが上がります。もっとも1度目の侵攻「文永《ぶんえい》の役《えき》」では戦闘

中にそんな記録はなく、元・高麗軍の撤退時に暴風雨があったとか。2度目の「弘安《こうあん》の役」では、台風により、撤退を決めるほどの大きな損害が出ました。

風の神は、**「情報の神」**でもあります。**シナツヒコのご利益は現代的で、SNSの活用やネットの情報拡散もまた「シナツヒコの風」。**情報技術の発展と膨大なデジタルデータの蓄積により、経済は、物の所有からデータの共有へシフト中です。**データをもとにこの先どうなるか先読みするなど、マーケティングや未来予測もシナツヒコのはたらき。**また、**時流を捉えて、スピーディーに進化・発展することもシナツヒコのご利益です**ね。

風の神を祭る神社で忘れてはならないのが奈良県生駒郡の龍田《たつた》大社。崇神天皇の夢の中に現れ、「不作の原因は我の祟りで我を祭れば祟りはおさまる」と告げたため創建されたのは⑥オオモノヌシと同じ。ご祭神は、天御柱《あめのみはしら》と国御柱《くにのみはしら》とありますが、同社によると、シナツヒコとシナトベです。天武天皇（持統天皇も）は篤く信仰し、龍田大社を実際に創建したようです。

占星術によると、2020年12月22日より「風の時代」がスタートし、これから200年以上続くとか。SNSでシェアされない人は、シナツヒコの力を借りて、多くの人に情報を届けましょう。

神様のご利益
開運招福
商売繁盛
五穀豊穣

こんな人にオススメ！
新しい風を呼び起こしたい人。
新技術を使いこなして一旗あげたい人

43

良いタイミングを待つ　力を蓄える　ブレない自分になる

ミヅハノメ

何度も時代を動かした、『君の名は。』ヒロインの水の女神

大ヒット映画『君の名は。』のヒロイン宮水《みやみず》三葉《みつは》、新海誠監督によると、その名前「みつは」の由来となったのが、「水の女神」のミヅハノメです。「みつは」は「水早」で水の出始めを意味します。古事記によると、「火の神」の(57)カグツチを生んで火傷に苦しむ⑲イザナミの尿から生まれました。尿の神というと、印象変わるでしょうか。

ミヅハノメを祭る神社といえば、奈良県吉野郡東吉野村の丹生《にう》川上《かわかみ》神社です。吉野とご縁の深い(82)後醍醐天皇は鎌倉幕府を倒した後、吉野にもうひとつの朝廷「南朝」を樹立し

ます。吉野の丹生川上神社は後醍醐天皇より篤く崇敬されました。

ミヅハノメの定番のご利益は、雨乞い・雨止めです。奈良時代から室町時代まで、朝廷から丹生川上神社に対する雨乞い・雨止めの祈願が96回も記録されるほどでした。といっても、現代人にはあまり需要のないご利益ですが、**水が出ることは、物事が動く良いタイミングを表します。**

たとえば、壬申の乱で、大海人皇子《おおあまのおうじ》は乱の8か月前、出家して吉野にこもり、その後、勝利して天武天皇になりました。吉野でミヅハノメのお力を借りたようで、天皇即位後もたびたび滞在し、その滞在場所が丹生川上神社になったとか。

ミヅハノメのサポートは、情報量が多い現代社会で、情報に惑わされることなく、自分のタイミングで行動できることです。良いタイミングを待てたこと、力を蓄えられたことが、乱の勝利に役立ったわけですね。

ミヅハノメの水は、山や森の泉にあるといえば、イメージしやすいでしょうか。良いエネルギー補給になります。毎日あくせく働き、家事に、学業に追われるのが現代人の生活ですが、時々ミヅハノメの水に触れると、元気を取り戻すだけでなく、日常の悩み・迷いも取り去るでしょう。

神様のご利益
心身健全
厄除祈願
開運招福

こんな人にオススメ！ 情報に振り回されたくない人

44

衣食住が充実する　幸せになる
トヨウケビメ

伊勢神宮外宮の神は アマテラス以上の最高神か？

トヨウケビメは、伊勢神宮外宮に豊受《とようけの》大御神《おおみかみ》として祭られる女神で、**「食べ物の神」「衣食住の神」**とされます。外宮の社伝によると、雄略《ゆうりゃく》天皇の夢枕に⑧アマテラスが現れ、「自分ひとりでは食事が安らかにできないので近くに呼び寄せなさい」と言われたので外宮に祭られたとか。アマテラスのお友だちみたいですね。個人的な印象は、親しみやすい雰囲気の女神で、外宮にいるだけで安心感を覚えます。

トヨウケビメは、豊かさを受け取ると表すように、そのご利益は「豊かな暮らし」です。

主に衣食住について、豊かに暮らすことをサポートします。「受け取る」のがポイントで、仕事の成功と幸せは、使う感性が違います。成功は発信で、解決すべき課題や不満を設定すること。幸せは受信で、満足することです。

トヨウケビメの場合、ご利益の軸足は、仕事の成功よりも、生活・暮らしの満足にあります。「成功など私は目指しません」という方も含め、幸せになりたい人すべてにご利益があるでしょう。

鎌倉時代末期、トヨウケビメをより強く信仰する思想が広がりました。伊勢神宮外宮の神職を務める度会氏《わたらいうじ》が起こした伊勢神道です。トヨウケビメはアマテラス以上の絶対神であり、外宮は内宮と同等以上だと主張しました。

鎌倉幕府の倒幕に成功した㉜後醍醐天皇と南朝（後醍醐天皇の朝廷・皇統）は、伊勢神道が思想的バックボーンでした。そして、トヨウケビメ絶対説を支持し信仰したわけですね。

トヨウケビメ信仰のルーツは、京都府宮津市の天橋立そばにある籠神社《このじんじゃ》。籠神社・奥宮の眞名井《まない》神社はご祭神がトヨウケビメで、この地から今の伊勢神宮に移されたことから「元伊勢」と呼ばれます。眞名井神社は岩が信仰の対象で、入口の「天の眞名井の水」は霊水として名高く、飲む人も多いです。

神様のご利益 開運招福 五穀豊穣 神恩感謝

こんな人にオススメ！ 〉日常の生活・暮らしに満足したい人

45

家の外での安全を守る　パートナーを守る

ヤマトヒメ

伊勢神宮を創建した神に仕える皇女

ヤマトヒメ（古事記：倭比売、日本書紀：倭姫）は垂仁天皇の皇女で、これまで何度か登場している伊勢神宮を、今の場所に創建しました。

崇神天皇の御代に疫病が大流行し、⑧アマテラスを宮中の外で祭ることになりました。アマテラスを託された崇神天皇の皇女トヨスキイリヒメは、鎮座地を転々とし、その後をヤマトヒメが引き継ぎます。2人の皇女は天皇に代わってアマテラスに仕えた斎宮の源流です。

ヤマトヒメの神社は、伊勢市の倭姫宮《やまとひめのみや》です。伊勢神宮内宮の別宮で、大正12年の創建。

実は明治以前、ヤマトヒメを祭る神社はなく、伊勢神宮のお膝元・宇治山田市で創建の声が高まり、国家予算で建設されました。伊勢神宮一二五社で最も新しい社です。その他、東京都千代田区の東京大神宮に、ご祭神の一柱としていらっしゃいます。

日本神話におけるヤマトヒメの権威は大きく、ヤマトヒメは東国へ戦に向かう甥の㊻ヤマトタケルに、三種の神器のひとつ草薙剣《くさなぎのつるぎ》や衣装、火打ち石入りの袋を与えます。草薙剣は、㉝スサノオがヤマタノオロチを退治したときに得た神剣です。スサノオがアマテラスに献上し、その後、㊲ニニギ、歴代天皇が継承し、アマテラスが宮中の外に出ると、ヤマトヒメらに渡り、伊勢神宮に置かれます。

このことから、**ヤマトヒメのご利益は、「外に出る人に霊的守護を与える」ことです。**時代劇「銭形平次」で、平次が外出する前に、その妻が火打ち石で「お前さん、気をつけて！」と平次に火花を散らしてから見送りますが、その**火打ち石と同じご利益です**ね。旅に出る人の無事を祈る女性といえば、ヤマトヒメです。

先の伊勢神道には5つの重要な教典があり、そのひとつが「倭姫命世記《やまとひめのみことせいき》」。どうもヤマトヒメは「生きた神器」のごとき存在で、三種の神器のように、王権に正統性を与える存在だったようです。

神様のご利益 厄除祈願 商売繁盛 身体健全

こんな人にオススメ！ 自分ではなく、外で活動する家族・パートナーを守りたい人

46

商売がうまくいく　社会的な地位を得る　女性の力を借りる

ヤマトタケル

悲劇の英雄は 商売繁盛の出世神

神様の人気投票をしたら、おそらくベスト3に入るヤマトタケル（古事記：倭建、日本書紀：日本武）は、戦いに勝利し続ける歴戦の勇者です。

「女装して敵を倒す計略」「父の景行天皇にうとまれ、でも父に認められたい心の葛藤」「叔母㊺ヤマトヒメからもらった三種の神器・草薙剣」「自らの命をなげうってヤマトタケルを助けた妻」「荒ぶる神との最後の戦い」「死して白鳥となる」など、映画やスーパー歌舞伎の題材になるほどの伝説を持ちます。

ヤマトタケルらを祭る群馬県富岡市の妙義《みょうぎ》神社は徳川の歴代将軍より篤く信仰されまし

た。埼玉県秩父市の三峯《みつみね》神社、秩父郡の寳登山《ほどさん》神社はヤマトタケル創建で、三峯神社には銅像が、寳登山神社には拝殿裏手に日本武尊社があります。

ヤマトタケル関連の神社は、**強力な立身出世のご利益があります。**ヤマトタケルと妃の⑱オトタチバナヒメを一緒に祭る神奈川県横須賀市の走水《はしりみず》神社は、5年半近く総理を務めた小泉純一郎氏ら小泉ファミリーが信仰しています。草薙剣を祭る名古屋市の熱田神宮にもヤマトタケルはお祭りされています。熱田神宮のとある宮司は、源頼朝以降の源氏と足利氏、2つの将軍家の血筋です。ヤマトタケルは歴戦の勇者だけに、多くの武将から崇敬されました。

商売繁盛のご利益でも代表的な神様です。死して白鳥となったヤマトタケルは、**商売繁盛を願う「酉の市」の神**として、東京都台東区の鷲《おおとり》神社、新宿区の花園神社、大阪府堺市の大鳥大社ほか全国の大鳥神社で祭られています。歴戦の勇者が商売繁盛の神になるのも不思議ですが、水物の大きな商売をしかける人は、酉の市で大きな熊手を買われますね。計略を使って戦力以上の成果をあげるヤマトタケル、戦略を考えて地力以上の大きな売り上げを立てる商売人、同じようなものなのかもしれません。

女性の助けを多く得るのもヤマトタケルのご利益で、男女関係なくおすすめです。

神様のご利益
商売繁盛
良縁成就
立身出世

こんな人にオススメ！ 情熱的に、ドラマティックに勝負したい人

47

ゼロから事業を大きくする　キャパオーバーをこなす器になる

クニノトコタチ

——底抜けに陽気な宇宙根源の究極神by日本書紀

クニノトコタチ（古事記：国之常立、日本書紀：国常立）は、日本書紀において世界の最初に現れた神で、純粋な男神とされます。古事記では6番目に登場した神で、配偶者のような対になる神のない独神です。陰陽の陽だけの男神で、その性質は活発そのもの。**ご利益は、「独立心や発信力、行動力の向上」です。**この国土を形成する根源的な神であることから、**物事をゼロから創り上げる強力なパワーがあります。革命を起こしたい人におすすめ**です。

クニノトコタチが最強の神になったのは、吉田兼倶《かねとも》が起こした吉田神道の影響です。吉

田神道は室町時代中期から江戸時代まで、神職の人事権を得て、ほぼ全国の神社・神職を支配。この吉田神道ではクニノトコタチを、宇宙根元の神「虚無太元尊神《そらなきおおもとみことかみ》」とします。

室町幕府第8代将軍の妻で政治の実権を握った、日本一の悪妻・日野富子も吉田神道を篤く信仰。京都市左京区にある吉田神社で、虚無太元尊神を祭る大元宮《だいげんぐう》は、伊勢神宮をしのぐ権威・権力がありました。1590年、豊臣秀吉が天下統一した年に、後陽成《ごようぜい》天皇は勅命で、天皇を守護する八神を祭る八神殿を皇居の外に出し、大元宮の後方に移します。クニノトコタチは「天皇家の神様よりすごい」と天皇自身が認める神様になったわけですね。

しかし、明治になると八神殿は皇居に戻され、吉田神道の勢力も急落。今の大元宮は吉田神社のいち末社に過ぎず、神道界にも維新が起こったのです。天皇が平民になったほどの衝撃です。

ただ、そのおかげで、一般の人も気軽に利用できるようになりました。いろいろな神様のおおもとになっているので、普段よりももっと大きなご利益が欲しい人は、クニノトコタチのご利益を得てはどうでしょうか。普段だと、力が大きすぎるので、自分のキャパを超える話が来た人は、行ってみてください。

神様のご利益　技芸上達　金運向上　必勝祈願

こんな人にオススメ！　世の中をひっくり返したい人

48

進むべき道を見出せる 究極の自分になる アメノミナカヌシ

何もしない 宇宙根源の究極神by古事記

アメノミナカヌシ（天之御中主）は、古事記に最初に登場する神です。その登場は「天地《あめつち》の始まりのとき、アメノミナカヌシが現れた」、以上。以降、古事記にはまったく登場しません。付け加えるなら、配偶者のような対になる神のない独神で、何もせずただ姿を隠したと記されます。

何もしないと、人は想像をふくらませるもの。神道に関係する人たちが「この神様は何なのだろう？」と考えます。中世に発達した伊勢神道では、アメノミナカヌシを、「始まりの神」「すべての元になる神」と考えます。吉田神道でも、宇宙根元の神㊼クニノトコ

タチと同じ神とします。さらに、江戸時代の復古神道では**「究極の神」**と捉えました。「究極の神」なら、ご利益も究極。(82)後醍醐天皇、(76)楠木《くすのき》正成《まさしげ》、加藤清正など、歴史上の人物の多くも崇敬しました。近年では、納税日本一に2度なった経営者の斎藤一人さんがアメノミナカヌシを信仰しています。

皆、自分自身の可能性を究極まで追求する人たちで、**究極の自分になることこそ、最大のご利益です。今のあなたに必要な願いが叶う。**もう神様にお任せです。

しかし、アメノミナカヌシをお祭りする神社は少ないです。究極の神なら信仰する人がたくさんいそうですが、一般に信仰されるようになったのは江戸時代以降で、北極星と北斗七星を神格化した(78)妙見菩薩とアメノミナカヌシが習合してからです。

北極星は不動の星。夜の旅人は北極星を目印に、自分の今いる位置や進むべき方角を知ります。**「己を知ること」「進むべき人生の道を見つけること」も、アメノミナカヌシのご利益でしょう。**

この妙見信仰の神社は、福島県相馬市の相馬中村神社、大阪府交野市の星田妙見宮（小松神社）、熊本県八代市の八代神社など。安産祈願で有名な水天宮は、福岡県久留米市や東京都中央区など各地にあります。世界が揺れ動くとき、アメノミナカヌシが必要です。

神様のご利益　安産祈願　心身健全　受験合格

こんな人にオススメ！
妊活中の方にいい。
何をしていいのかわからない人

49

タマノオヤ

魅力的な人とお近づきになる　財産を築く

繁栄を引き寄せる三種の神器「勾玉」をつくった宝石神

⑧アマテラスを天岩戸から出すために、三種の神器「八尺瓊勾玉《やさかにのまがたま》」をつくったのがタマノオヤ（玉祖）です。八尺瓊勾玉は翡翠でできた「大きい勾玉」です。タマノオヤを祖とする有力一族がいないためか、祭る神社も少なく地味な印象の神様ですが、ご利益は派手です。

なにせ勾玉は「王の印」、玉《タマ》なので**「宝石の神」**です。王の印になる宝石、欲しいですよね！（めちゃくちゃ高そう）。なぜ、王の印になる宝石が必要なのか考えると、タマノオヤのご利益が見えてきます。それは**「魔除け」**です。素敵なものを身に着けることで、

魅力的な人だけが近寄ってくるわけですね。高価な服や装飾品の威力を知る方なら、ご理解いただけるでしょう。

地味といいつつ、有力な神様であることは間違いありません。㊲ニニギが地上に降臨したとき、お供で降臨した五柱の神の一柱で、他の四柱も天岩戸神話で活躍した神々です。有力な神社にも祭られており、山口県防府《ほうふ》市の玉祖神社は周防国一宮で、室町戦国時代の前期の天下人にも篤く崇敬されました。当時日本最強の大名・大内義興です。亡命した前将軍を助けて上洛。10数年ぶりに将軍職に再任させます。

タマノオヤは**財運、つまり財産を築くことにも強く**、当時の大内家の経済力は日本一。博多商人と連携した明や朝鮮半島との交易も盛んでした。また、西の京を意図して公家や文化人を保護し、本拠地の山口に大内文化が花咲きます。室町時代中後期、応仁の乱で荒廃した京都に代わって、山口は日本一の経済都市・文化都市になりました。

あのフランシスコ・ザビエルも、京の荒廃に失望して山口に来ます。義興の息子の大内義隆はキリスト教の布教を許可し、このとき、ザビエルは日本に初めて眼鏡を持ち込んだとか。レンズを玉と呼ぶので、タマノオヤは**「眼鏡の神」**にもなりました。

島根県松江市の玉作湯《たまつくりゆ》神社にも櫛明玉神《くしあかるたまのかみ》の名でお祭りされています。

神様のご利益：金運向上　商売繁盛　開運招福

こんな人にオススメ！　キラキラした生活にあこがれる人

50

人気者になる　ヒット祈願　無事にやり遂げる

寒川大明神

――有名俳優も秘かに参拝！
――昇殿参拝数日本一の厄除け神

「視聴率祈願の神社」としてテレビ関係者に知られ、俳優の高倉健さんが映画の撮影前後にひとりで、迷惑がかからぬよう早朝か夜に参拝していたのが神奈川県高座郡の寒川神社。ご祭神は、寒川比古《さむかわひこ》・寒川比女《さむかわひめ》で、この二柱を総称して、寒川大明神といいます。

「国内唯一の八方除け」をうたう厄除けのご利益が有名。ノーベル平和賞を受賞し、約7年8か月総理を務めた佐藤栄作氏も、総理退任後は毎年1月4日に参拝していました。さすが日本有数の厄除けの神様、映画の撮影や総理のような難しい職業でも、見事に職責を

果たすサポートをしています。**人気商売の人は絶対に知っておいたほうがいい**神様ですね。

寒川大明神は正体不明の神で、古事記にも日本書紀にも登場せず、神話や伝承もろくにありません。それでいて寒川神社は、相模国一宮と神奈川県を代表する神社で、5世紀にはすでに朝廷より崇敬を受けており、昇殿参拝する人の数は日本一、例年30万人ご祈祷されるとか。昇殿参拝とは、神社の社殿の中に入って、神職さんよりご祈祷していただくこと。ご祈祷の方限定で入苑できる「神嶽山神苑《かんたけやましんえん》」が人気です。

戦国時代に関東を制覇した北条氏（後北条氏）からも篤く崇敬されました。「勝って兜の緒を締めよ」と遺言した後北条氏2代目・北条氏綱は、寒川神社以外にも寺社の造営に熱心で、その中の一社である神奈川県大磯町の六所《ろくしょ》神社は、相模国一宮〜五宮の神々が祭られており、一宮の寒川神社ご祭神も当然お祭りされています。

寒川神社は、春分・夏至・秋分・冬至すべての時に太陽が神社の真上を通ります。光《レイ》の通り道《ライン》には主要な聖地があり、日本国にとって寒川大明神が重要な神様なのは間違いありません。重要すぎて情報が隠されているのかもしれないですね。

富士山の山中湖近くの福地八幡宮（渡辺大明神）は、かつて聖徳太子が再建し寒川大明神と改称させたもうひとつの寒川神社。ここには4人の総理経験者が書を奉納しています。

神様のご利益
厄除祈願
仕事開運
国家安泰

こんな人にオススメ！　人気に左右される商売をしている人

51

平凡な幸せを得る　粘り強くなる　生き残る

トヨクモノ

―一万年前から祭られる縄文の神

トヨクモノ（豊雲野）は、神話で登場以外は何もせず、祭る神社も少ないですが、**雲の神**と推測されます。古事記では㊼クニノトコタチの次の7番目に登場する独神で、すぐに身を隠しました。日本書紀ではクニノトコタチ、クニサッチに次いで3番目に登場。やはり特に何もせず身を隠しました。

有名な人が信仰したとか、各地で祭られているとか、すごい逸話があるわけでもない。その地味にも見える神様を本書でご紹介するのは、今から約一万年以上前にはすでに存在していた**「とてつもなく長続きしている神様」**だからです。

トヨクモノを祭る神奈川県伊勢原市の比々多《ひびた》神社は、一万年以上前から信仰の場所として存在していたとか。(81)神武天皇の時代には、すでにトヨクモノを祭る長い歴史があったようで、トヨクモノは縄文の頃からの神でしょう。

トヨクモノを信仰した例をあげると、北条早雲に滅ぼされた相模三浦氏がそうで、戦国時代にほぼ消滅します。三浦氏の子孫は守護大名から百姓に転落しますが、これで終わらず、江戸で150年浪人を続けて徳川家の旗本と交友関係を広げます。結果、旗本に取り立てられ、従五位下相模守にまで復活しました。

地味でしょう。でもおそろしく粘り強く、あきらめない継続力があります。多くの人は、天下を取ることなく、平凡な人生を歩みます。でもこの平凡を維持するのもなかなか大変なのは、読者の皆様はご存じでしょう。平凡に人生を歩み続けること、無事に生きることは、幸せなことだし、価値のあることです。トヨクモノはそんな**「平凡に幸せに生き続けること」をサポートしてくれる**でしょう。

かつて、ある2つの大きな神社のどちらを相模国の一宮（筆頭の神社）にするかで争いがありました。これをトヨクモノが「決着は翌年に」の一言で仲裁したとか。**争いをまとめるのも、トヨクモノのご利益です。**

神様のご利益
家内安全
健康長寿
心身健全

こんな人にオススメ！
表に出ず秘かに活躍する人。
平凡が一番いいと感じている人

52

千載一遇のチャンスが訪れる　事業を発展させる

アメノヒワシ

──大嘗祭に欠かせない
世の中を明るくする大麻《おおあさ》の神

商売繁盛のお祭り「酉の市」の神様は、㊻ヤマトタケル以外にもう一柱、有力な神がいます。アメノヒワシ（天日鷲）です。

天岩戸神話では㊴フトダマに従って活躍し、岩戸の前で神々が踊るとき、アメノヒワシが弦楽器を奏でます。すると弦の先に鷲が止まり、多くの神々が、この鷲は世の中が明るくなる印だと喜びました。

東京都台東区の鷲神社は、最も有名な酉の市です。もちろん、ご祭神はこの二柱。アメノヒワシが**「商売繁盛の神様」**なのは、多くの産業を起こしたからです。

アメノヒワシは朝廷の祭祀を担当した忌部氏の神様で、中でも阿波忌部氏の祖神とされます。阿波は今の徳島県で、阿波国の忌部氏は、麻や楮《こうぞ》を栽培し、養蚕業や紡績業、製紙業などを起こしました。農漁業や建築の技術もあり、日本の商工業をつくった一族といってもいいでしょう。だからこそ、**事業発展のご利益がある**のです。

阿波忌部氏は、令和になってすぐスポットライトが当たりました。天皇の皇位継承時に行う大嘗祭で、神に捧げる大麻の織物「麁服《あらたえ》」を、阿波忌部氏が古代よりつくり納めてきたことが注目されたのです。

アメノヒワシは、室町幕府成立と共に阿波国の守護となった細川氏の崇敬を受けました。応仁の乱で東軍大将になった細川氏は、以降、将軍に次ぐ幕府ナンバー2の管領職を独占。その権力は足利将軍を京都から追い出すほどで、戦国時代初期の天下を支配しました。徳島が日本の中心だった珍しい時代です。

徳島市の忌部神社はアメノヒワシを祭る神社で、中世に衰退して存在不明になりますが、大嘗祭に関わる由緒をふまえて、㊽明治天皇が復興しました。この忌部神社宮司のはたらきかけで、大正天皇の大嘗祭より、阿波忌部直系の三木家で「麁服」を再び納めることに。そして、令和の大嘗祭でスポットライトを浴びたのですから、令和おすすめの神様です。

神様のご利益
商売繁盛
技芸上達
五穀豊穣

こんな人にオススメ！　今度こそは自分が主役になって活躍したい人

前向きになる　幸運を引き寄せる　良いものを見つける

53

ヒルコ（エビス）

捨てられた子は拾われて商売繁盛の福の神に

えびす顔といえば、七福神のエビスのように、目を細めてうれしそうに笑っている表情ですが、そんな喜びの象徴がヒルコ（蛭子）です。とはいえ、ヒルコの神話は一般的な意味で不幸なことが起きます。古事記では、⑲イザナミとイザナギの最初の子ですが、神とは認められず、船に入れられて島から流されてしまいます。捨て子ですね。

日本の神様のパターンですが、神様が味わったネガティブな経験は、ポジティブな意味にひっくり返ってご利益になります。不幸な体験をした神様だからこそ、**ヒルコのご利益**

は「幸せになること」「笑顔で喜びをもって生きること」なのです。

日本書紀でも、ヒルコは生まれて3年経っても足が立たなかったため、やはり船に乗せて流されました。これで古事記・日本書紀でのエピソードは終わりですが、後世、新たな物語が続きます。流されたヒルコはどうなったのか？

西宮（兵庫県西宮市）に漂着します。漂着したヒルコは拾った人々に「夷三郎殿《エビスサブロウ》」と称され、一般庶民の手によって、西宮神社が創建されました。えびす神社の総本社です。捨て子のヒルコは、**庶民の幸せを願う神様**となったのです。

西宮神社を崇敬した戦国大名・三好長慶は、足利将軍家・細川管領家を追い落として室町幕府の実権を握り、後世の学者が「三好政権」と呼ぶ天下人になりました。

「エビス講」は酉の市に並ぶ商売繁盛のお祭りです。中世に商業が発展すると、**「商売繁盛の神」「福の神」**として信仰され、七福神の一柱になりました。

ヒルコ（エビス）を祭るのは、各地の西宮神社、恵比須神社、恵比寿神社、十日戎《とおかえびす》で有名な大阪市の今宮戎神社、京都市の京都ゑびす神社などです。

日本の多くの神様は天皇や貴族、武士のためのものですが、**ヒルコは最初から一般庶民のための神様**で、とりわけ大事にしましょう。

神様のご利益
開運招福　商売繁盛　身体健全

こんな人にオススメ！　我こそは、庶民と思う人

54

毘沙門天

勝負に勝つ　気持ちが折れなくなる　財産を築く

上杉謙信が信仰した　仏教の四天王は金運にも強い武神

戦国最強の武将といえば、越後の龍・上杉謙信をあげる人は多いでしょう。実際その生涯において戦績は71戦中61勝2敗8分。この数字は研究者によって諸説ありますが、より少ない兵力で、最強のライバル武田信玄や織田信長の軍に時に勝利するのだから、戦に勝つ能力は最強でしょう。

上杉謙信は、「毘沙門天《びしゃもんてん》の化身」と言われ、自身を毘沙門天になぞらえるほど強く信仰していました。毘沙門天は仏教の武神で、四天王の中では多聞天《たもんてん》です。

ご利益はもちろん、勝負に勝つことですね。そして、**財産を築く財運の神様**でもありま

す。七福神の一員としては**「勝負事の神様」**ですが、元々はインドの財宝の神でした。

毘沙門天といえば、聖徳太子を思い出す人も多いでしょう。物部守屋との戦いで、四天王の像をつくって戦勝祈願し、勝利。大阪市の四天王寺を建立したのは有名です。

さらに、寅の年・月・日・刻に毘沙門天を感じる神秘体験をした山を「信貴山《しぎさん》」と名付け、毘沙門天を本尊（最も大切な信仰対象）に朝護孫子寺《ちょうごそんしじ》（奈良県生駒郡）を創建したとされます。

個人的なことをいうと、信貴山の宿坊に泊まり、毘沙門天に祈願してから、当時あった同業者との争いは、こちらが有利になり、争い自体がやがてなくなりました。私の力が強まり、相手の力が弱まったからですね（滅ぼしてはいません！）。

毘沙門天のお使いとされるムカデは金運を表します。ムカデは多くの足を持ちますが、お足はお金の意味があり、たくさんのお客がつくともイメージできるので、金運や商売繁盛のご利益ありとされるのです。**金運を得たい方におすすめの神様**ですね。京都市の鞍馬寺にも、毘沙門天さんがいらっしゃいます。

軍神にもかかわらず、金運にも強い。強いだけじゃなく、頭もさえる。勉強とスポーツができる、二物を与えられた神様で、欠点をカバーしてくれるでしょう。

神様のご利益
必勝祈願
受験合格
金運向上

こんな人にオススメ！　勝負事に強くなりたい人

運気を上げる神様ワーク⑦

正式参拝をして、玉串を奉納する

フトダマのお力を借りて、玉串を奉納し、
神様とより深くつながりましょう。

天岩戸神話でフトダマはアマテラスに玉串を奉納しました。

玉串を奉納するには、お気に入りの神社で正式参拝（ご祈祷、ご祈願、昇殿参拝など言い方は神社により異なる）をします。

ある程度の規模の神社さんなら、どこでも申し込めるでしょう。

神社さんに納める金額は最低5千円からで、お志をお包みください。

金額が大きくなるほど、いただくお札も大きくなることがあります。

運気を上げる神様ワーク⑧

神社で「風」を感じてみよう

風の神シナツヒコのお力を借りて、
神社参拝のときに「風」を感じることだけを意識しましょう。

神職さんたちが神様を感じるときは、
風が吹いているケースが多く、私自身もそうです。
微妙な微細な感覚なので、思考をあまり働かせないで、
リラックスして風の流れを感じてみてください。

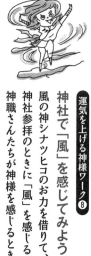

運気を上げる神様ワーク⑨

水にこだわる

弁才天のお力を借りて、良い水を飲み、手をこまめに洗い、お金を水で洗いましょう。

お金は硬貨を洗うのがやりやすいです。

お札を洗う人もいますが、紙を水につけると扱いが面倒なので、代わりに貴金属など高価な金属を洗ってもいいでしょう。

その他、龍の置物を買ってお水を供える、水を勢いよく流すなどもいいでしょう。

弁才天は流れるものの神なので、水を流すときにもちょろちょろ流さず、ためないであふれさせると、より弁才天のお力がはたらきます。

運気を上げる神様ワーク⑩

アメノミナカヌシのご神名をひたすら唱えよう

アメノミナカヌシのご神名をただ唱えます。場所はどこでも構いません。

南無阿弥陀仏のようなもので、

「アメノミナカヌシ、アメノミナカヌシ、アメノミナカヌシ」と心の中で、あるいは口に出して3度以上唱えてください。

もちろん特に何かが起こるわけではありませんが、南無阿弥陀仏と同じで、お名前自体にある種のパワーがあります。

第4章 新しい流れを呼び込みたい

55

オシクマノミコ

一発逆転を狙う　自分より強い相手に勝つ　成りあがる

織田信長の神は八幡神の宿敵

織田信長の氏神といえば、福井県丹生郡越前町織田の劔《つるぎ》神社、別名は織田明神です。織田盆地にある越前町織田は、織田家の故郷で先祖は劔神社の神職でした。そのためか、織田信長は劔神社を篤く崇敬し、多くの寄進や社殿の改築などを助けます。

織田信長といえば、父の葬式で位牌に抹香を投げつけ、延暦寺や諏訪大社を焼き討ちしたことで「神も仏もあるものか」な印象ですが、信心深い一面もあったのですね。

この劔神社を建てたのが、仲哀天皇の皇子オシクマノミコ（忍熊皇子）です。日本書紀

では、皇位を争う神功皇后軍との戦いに敗れて死にます。しかし、「実は生きていた！」ってパターンで、越前に逃れ、現地の人民を苦しめる賊との戦いで苦戦しているときに、夢で㉝スサノオから励まされ、神剣を授かり、討伐します。

その後、オシクマノミコは、神剣をご神体に劔神社を創建してスサノオを祭ります。やがて（本当に）亡くなった後は、慕った人民がオシクマノミコをお祭りしました。

ご利益は、反逆児と言われた信長のように、自分よりも強い相手に立ち向かっていく勇気です。負けて失敗した神様なので、その逆で、いわば**「一発逆転の神様」**でしょうか。

オシクマノミコをお祭りする神社はほとんどなく、他に奈良市押熊町の押熊八幡神社の中に、忍熊皇子社があるくらいです。なにせ、宿敵の㉝神功皇后・⑬応神天皇は日本最大の神様グループ「八幡神」です。他にも神功皇后に味方する神々は多く、敵だらけですね。

織田信長が天皇の将軍任命を断ったのも理解できます。武士のトップ征夷大将軍は、八幡神を氏神とする源氏のものがなります。でも、オシクマノミコを信仰する信長が八幡神を仰ぐ将軍になるはずがない。オシクマノミコは神様としてはかなりマイナーですが、決して弱い神様ではありません。なぜなら、本来なら消えてもおかしくない神様なのに、存続しているからです。**弱小勢力から強くなりたい人たちには、ピッタリ**の神様ですよ。

神様のご利益
心身健全　厄除祈願　交通安全

こんな人にオススメ！　弱気になっている人

56

容姿がキレイになる　欲しいものが手に入る
オモダル・アヤカシコネ

―六の神は完璧な美容の魔神

オモダルは「重い〜ダルい〜」ではなく、「完成した」「不足なし」の意味で、古事記では淤母陀琉《おもだる》、日本書紀では面足《おもだる》です。アヤカシコネは「あやにかしこし」で、「何とも恐れ多い」の意味です。両神は兄妹で、意味を足すと「何とも恐れ多いことですが、面（外見）に不足ありません」で、**「美容の神」。キレイになりたい人は要注目の神様**ですね。

古事記・日本書紀にて、天地創造のときに現れた七代の神の中で、両神は第六代の神とされます。ちなみに第一代は㊼クニノトコタチ、第七代は⑲イザナミ・イザナギです。数

字は現れた順で、「お笑い第〇世代」のようなものです。

中世にオモダル・アヤカシコネは、仏教の第六天魔王と同一視されました。天上界の中で欲にとらわれた最も人間に近い世界「六欲天」最強の魔神です。

織田信長は第六天を信仰し、「第六天魔王の化身」と人々に恐れられました。延暦寺を焼き討ちしたことで、仏教徒から「信長は第六天魔王だ」と悪口・仇名として言われていたようです。第六天魔王は元々ヒンドゥー教の神で、仏道を邪魔する魔神。最強の魔神ですから、漫画『ドラえもん』のジャイアンのように、「俺のものは俺のもの、お前のものも俺のもの」で、**欲しいものを手に入れるサポートをします。**

第六天を祭る第六天神社（大六天神社）は、関東を中心に存在し、西日本には皆無です。というのも天下統一後の㉑豊臣秀吉が、信長と重なる第六天を恐れ、自身の拠点である西日本の第六天を祭る神社をすべて廃社にしたからです。

オモダル・アヤカシコネの神社は、さいたま市の武蔵第六天神社、東京都渋谷区の穏田《おんでん》神社など。武蔵第六天神社は耳の病や頭痛に効くとするニッチな信仰で知られます。穏田神社は表参道の入り組んだ路地にある小さな神社で、歌手のきゃりーぱみゅぱみゅさんも参拝。アパレルや美容関係、水商売の人に人気です。

神様のご利益　身体健全　心身健全　技芸上達

こんな人にオススメ！　いい意味で欲深い人

57

人生が充実する　危険を回避する　火の用心

カグツチ

―明智光秀が「本能寺の変」の直前に相談した火の神

日本史上で有名な「本能寺の変」。明智光秀が謀反を起こし、京都の本能寺にいる織田信長を襲撃し、倒します。「本能寺の変」の6日前、光秀は京都市の愛宕山《あたごやま》に登り、かねて信仰していた愛宕神社に参拝し、末社の太郎坊社の前でおみくじを何度か引いたとか。

太郎坊は日本一の大天狗で、「火の神」のカグツチの化身です。愛宕神社の若宮はカグツチをお祭りし、太郎坊大権現《だいごんげん》と称されました。

カグツチは、⑲イザナミ・イザナギの子です。火の神であったため生むときにイザナミ

は火傷し、それがもとでイザナミは死亡。怒ったイザナギは剣でカグツチを斬り殺しました。殺されたカグツチの血から⑳タケミカヅチなど多くの神々が生まれます。

イザナミとカグツチは三重県熊野市の産田《うぶた》神社に、安産の神として祭られています。「どこが安産だ！」とツッコミたくなりますが、両神が代わりに災いを背負ってくださるとご理解ください。この産田神社の地でイザナミはカグツチを出産し、さらにこの付近の花窟《はなのいわや》神社で、イザナミは埋葬されたと伝えられています。花窟神社にもイザナミとカグツチが祭られています。

カグツチは、生まれてすぐ母を死なせ、父に殺され、ただ絶望するだけで、何もできませんでした（の割に、日本書紀の一書によると、いつの間にか結婚していますが……）。

だからこそ、その**ご利益は、「人生を完全燃焼すること」「精一杯に生き切ること」、そして、安産に限らないさまざまな安全です。**家内安全、**もちろん火の安全もです**ね。

京都市では愛宕神社の「火迺要慎《ひのようじん》」のお札が有名で、私の実家にも貼られていました。京都のお店にはほとんど貼られていて、一説によると、京都は火事が少ないとも。

その他、全国の秋葉神社に祭られています。北海道から九州まで千社以上あり、江戸時代に**火災除けの神**として広く信仰。静岡県浜松市の秋葉山山頂に本宮があります。

神様のご利益

安産祈願　心身健全　家内安全

こんな人にオススメ！　火事場のクソ力を手に入れたい人

58

大出世を果たす　大きな金運をもたらす

宇賀神

人の頭に蛇の体の正体不明な金運の神様

出自不明の低い身分から天下人に上り詰めた(61)豊臣秀吉が、初めて城を築いた地「長浜」に日本有数の神域があります。琵琶湖の北方に浮かぶ、滋賀県長浜市の竹生島です。周囲約2キロのこの島には、日本三大弁天で知られる宝厳寺、そして竹生島神社、古い名で都久夫須麻《つくぶすま》神社があります。

三大弁天で最古の宝厳寺の弁才天は、ひと味違います。8本腕で、頭の上に、おじいさん顔のとぐろを巻いた蛇と鳥居がのっています。「宇賀弁才天」と呼ばれる日本独特の形態で、正直かなり奇妙ですね。この「おじいさん顔の蛇」が宇賀神で、鎌倉時代の頃より

信仰される出自不明の**「金運の神様」**です。出自不明は豊臣秀吉も同じですね。竹生島神社の四柱の神の一柱も宇賀福神、つまり宇賀神です。

そのご利益は、秀吉が信仰しただけに、**立身出世はもちろん、金運も大きい**ですね。また、**おじいさんの神様の定番のご利益は、健康長寿。おじいさん顔なのは、知恵ある者を表しており、適切な知恵が生まれやすくなる**でしょう。

女性の天下人ともいえる秀吉の母なかは宇賀神を篤く信仰しました。皇族の女王と女性の臣下では最高位の従一位になり、大政所《おおまんどころ》の号を与えられます。職人か農民の家系で、女性最高の地位に就いたわけですから、これ以上の出世はないでしょう。

神奈川県鎌倉市の銭洗弁財天宇賀福神社（略称、銭洗弁天）は、巳年巳月巳日の夜、源頼朝の夢に宇賀神が現れ教えてくれた霊水の場所に建てた神社です。第5代執権・北条時頼もこの宇賀神を信仰し、霊水で銭を洗い祈願したことから、銭を洗う習慣ができたとか。奥宮の洞窟で多くの人が金運アップを願い硬貨を洗っています。

その他、青森県八戸市の蕪嶋《かぶしま》神社、勝海舟も参拝した長野県野尻湖の琵琶島にある宇賀神社、東京都台東区の不忍池辯天堂《しのばずのいけべんてんどう》にも宇賀神がいらっしゃいます。不忍池辯天堂はお金持ちにも人気で、巳の日や己巳《つちのとみ》の日の参拝がおすすめです。

神様のご利益

金運向上 立身出世 健康長寿

こんな人にオススメ！

お金が欲しい人。長生きしたい人

59 八大龍王

勝負に勝つ　流れに乗る　志を成し遂げる

大局を見通す直感と勝機をもたらす龍神

龍神で最もポピュラーなのが、八大龍王（八大竜王）です。元は釈迦が悟りを開くときに守護した蛇神で、中国で龍信仰と習合して日本に伝わりました。その**ご利益は**わかりやすく、**「勝負に勝つこと」「勝負ごとなどの流れをつかむこと」「夢や志を強い意志で達成すること」**です。

宮崎県高千穂町の八大龍王水神は、プロ野球史上唯一の9連覇を達成した読売巨人軍監督の故・川上哲治氏が、報道陣に秘密で参拝していました。元は雨乞いや治水の神ですが、巨人9連覇により、**「勝負事の神」**として知る人ぞ知る神社になります。

八大龍王水神から北へ約1キロ、「もうひとつの八大龍王」と呼ばれる八大之宮もあるので、合わせてご参拝ください。両社とも境内に井戸があり、ご神水をいただけます。

先にご紹介した(61)豊臣秀吉らが篤く信仰した竹生島神社には、ご祭神に「龍神」もいます。竹生島神社の八大竜王拝所（竜神拝所）では、崖下の鳥居に向かって、龍神への誓いを祈りながら「かわらけ（土器）」を投げます。かわらけに込めた祈りを龍神に託すわけですね。賽銭箱の上には龍神祝詞の文字が立てかけてあります。もしお時間があれば、2拝2拍手1拝の通常の参拝をする前に、2拝して龍神祝詞を唱えてください。約1分かかります。その後「かわらけ投げ」にチャレンジですね。

竹生島神社ご祭神の分霊を迎え入れたのが、愛知県蒲郡《がまごおり》市の三河湾に浮かぶ竹島です。400メートル近い橋がかかった周囲700メートル弱の島で、島内に5つの神社があります。昭和天皇・皇后両陛下や、今の上皇陛下も皇太子時代に訪れるなど、皇室にも人気です。この竹島の奥に、八大龍神社があります。私個人の主観ですが、ここは龍神ハブ空港かと思うほど、多くの龍神さんが出入りしています。八大龍王がいるお社に近づけば近づくほど、風が流れているのを感じます。そのときに、「来ているな」と気づけば、具体的に願ってみてください。おすすめです！

こんな人にオススメ！
勘がよくなりたい人。
ここぞの場面で力を発揮したい人

60

悪霊退散　厄除け　占い力が上がる

安倍晴明

リアル『呪術廻戦』な平安最強の呪術師

平安京への遷都以来、怨霊におびえる権力者たちを中心に、悪霊退散の呪術へのニーズが高まります。当時は呪術や占星術を駆使する「公務員」がいました。陰陽師です。中でも最も有名なのが安倍晴明《あべのせいめい》でしょう。

安倍晴明の死から2年後、一条《いちじょう》天皇は「晴明はお稲荷さんの生まれ変わり」と屋敷跡に安倍晴明を祭る神社を建てました。京都市の堀川一条にある晴明神社です。この神社に、日本一有名な茶道家・千利休《せんのりきゅう》が住んでいました。現在も有名な三千家《さんせんけ》（表千家・裏千家・武者小路千家）の創始者です。

千利休は、もちろん安倍晴明のお力を借りたのでしょう。織田信長に召し抱えられ、信長の死後、㉑豊臣秀吉の側近中の側近として権勢をふるいます。

京都の覇者となった豊臣秀吉は、晴明神社内にて、千利休に屋敷を与えます。井戸の水は、安倍晴明の霊力により湧き出し、無病息災のご利益があるとか。千利休は自身の茶会で、この井戸の水を沸かして茶の湯に利用しました。

ご利益は、悪霊退散、厄除けなど。災難を避けて、適切に安全に日々の行動を選択できるようサポートします。ところが豊臣秀吉も千利休も、安倍晴明が生前に行った京都の町づくりをつぶしたようで2人ともやられます。

千利休は突如、豊臣秀吉に切腹を命じられ、晴明神社そばの一条戻橋《もどりばし》でさらし首に。その後の秀吉は転落の一途で、するとさらに「陰陽師弾圧」を行い、安倍晴明の嫡流である土御門家《つちみかどけ》の当主など、京都周辺の陰陽師を京都から追放します。安倍晴明の塚（墓）がある寺を取り潰し、晴明神社を大幅縮小、安倍家に伝わる陰陽道の書物や器具も捨てました。この弾圧の数年後に豊臣秀吉は死亡します。

一方、関ヶ原の戦いで勝利した㊾徳川家康は、直後に土御門家の当主を京都に呼び戻し身分を回復させます。豊臣家は滅亡し、徳川の天下になりました。

神様のご利益 開運招福 厄除祈願 国家安泰

こんな人にオススメ！ 災いを祓いたい人

61

強力な出世運　交渉の成功など仕事運全般

豊国大明神

足軽、農民から神にまで上り詰めた天下人

ここまでに何度か出てきた人物の中で、自分の意思で公式に神になった人がいます。出自不明の足軽か農民から貴族の最高位である関白・太政《だじょう》大臣に上り詰めた豊臣秀吉です。日本史上最も大きく出世したのは有名ですが、加えて神になりました。死後、朝廷より豊国大明神《とよくにだいみょうじん》なる神号を賜ります。

豊臣秀吉は自身を神にするよう遺言にしました。希望の神号は「新八幡神」。⑬八幡神は武士の神様トップで、それに「おれがなるっ！」と秀吉は遺言を残したわけですが、それは却下されました。

豊臣秀吉の死から翌年、今の京都市東山区に豊国《とよくに》神社が創建されます。豊国神社は、大阪城内にも分祀《ぶんれい》され、今も大阪城二の丸南側に豊國《ほうこく》神社があります。

豊国大明神の初期の信仰者といえば、秀吉の正室ねね（おね）です。ねねもまた大出世し、女性の臣下では最高位の従一位になり、北政所《きたのまんどころ》の号を与えられます。

豊臣秀吉の死後も活躍し、豊臣家が滅亡した後も、第2代将軍・徳川秀忠に慕われ、徳川家との関係は良好でした。**秀吉の出世運、交渉上手な仕事運は、そのまま豊国大明神のご利益になった**ようです。

一方、豊臣家の滅亡により、豊国神社・豊國神社は廃社に。豊国大明神の神号も剥奪されました。ところが豊国神社のご神体は秘かに京都市東山区の妙法院で祭られ、江戸時代の中頃からは同じく東山区の新日吉《いまひえ》神宮で別名にて祭られます。神様になっても秀吉はしぶといですね！

徳川の世では、幕府に不満を持つ者たちから豊臣秀吉は人気者に。また、(88)明治天皇は「天下統一したが、幕府を作らず天皇を尊重した人物」と評価し、勅命で豊国神社・豊國神社を再興、豊国大明神号も復活しました。**明治政府も、秀吉の日本一の出世運、交渉上手な仕事運にあやかった**わけですね。

神様のご利益　立身出世　仕事開運　金運向上

こんな人にオススメ！　下剋上を果たしたい人。強烈な願望を叶えたい人

62

負け戦で活路をひらく　粘り強くやり遂げる

タケミナカタ

家康や信玄が慕った不屈の軍神

江戸幕府を開いた徳川家康や、最強の武将のひとり武田信玄が力を借りた軍神で、古事記などでは「建御名方」と表します。軍神なので**戦いの神、勝利に導く神**ですが、なぜかタケミナカタは神話にて惨敗します。

⑳タケミカヅチが「国を譲れ」と⑤オオクニヌシに迫ったとき、③コトシロヌシが同意したものの、不服に思ったタケミナカタは、タケミカヅチと力比べをしました。結果、タケミナカタは両腕を引きちぎられ投げ飛ばされます。

タケミナカタは逃走し、諏訪湖に追い詰められ殺されかけたところで、「この地から出

ない」「国はアマテラスの子に献上する」と約束しました。ぼろ負けです。だからこそ転じて、**勝利の神**になります。「負けの災いは先に私が引き受けた！」ってことですね。

タケミナカタは諏訪湖のそばで諏訪大社の神になります。全国の諏訪神社の総本社で、長野県諏訪市の上社本宮《かみしゃほんみや》、茅野市の上社前宮《まえみや》、下諏訪町の下社春宮《しもしゃはるみや》、下社秋宮《あきみや》の四社です。

タケミナカタが軍神として、大きく名を上げたのは日本最大のピンチ「元寇」でした。元と高麗の連合軍による日本侵攻を撃退した**「功績第一の風の神」**として、㊷シナツヒコと共に朝廷より称えられます。巨大な敵との戦いで、**タケミナカタのご利益により、皆が不屈の精神を発揮し、活路をひらいた**のです。

怒らせたら怖い神様です。諏訪大社の上社本宮は、織田信長の長男・信忠の軍に焼かれ、灰になりました。焼き討ちから8日後、武田家滅亡祝いの席で、明智光秀の発言に激怒した信長は、光秀を皆の前で殴る蹴るなどします。それから約2か月半後、このことを恨んだのか明智光秀は謀反「本能寺の変」を起こし、信長・信忠は死亡。勝った光秀も2週間と経たないうちに敗れます。諏訪大社を焼いた主だった3者は、皆死にました。

一方、タケミナカタと関係深い武田家の遺臣を多く召し抱え、諏訪大社を再建した㊾徳川家康は、秀吉亡き後の天下を支配。明治まで260年以上続く徳川の時代を築きました。

神様のご利益　必勝祈願　心身健全　技芸上達

こんな人にオススメ！　大逆転を狙いたい人

63

「あとひと押し」をくれる　まとまったお金が舞い込む
アメノヒリノメ

―強力な神々が合体した　最強コンボな女神

武家政権をつくった源頼朝と㊾徳川家康、この偉大な武士2人は、同じ女神に助けてもらいました。アメノヒリノメ（天比理乃咩）もしくはアメノヒリトメ（天比理刀咩）で、アマノ〜とも読みます。㊴フトダマの妃神です。

天下を握った2人が信仰したのだから、すごい神様なのは間違いありません。にもかかわらず、アメノヒリノメに神話や伝承はない。正体不明です。格式高い神社に祭られているので、神社はかなり有名ですが、神様アメノヒリノメに注目する人は極めて少ないでしょう。もったいないですね！

アメノヒリノメは **「洲の神」** とされ、「すの神」と読むと、心身を成熟させる最凶の不良㉝「ス」サノオ、宇宙の主《す》の神と読むと、ゼロから創造する究極神㊼クニノトコタチです。つまり、両神のようなお力が秘められているわけですね。加えて夫神である産業と占いの神様フトダマのご利益、その妃神なので政治経済が男性中心だった時代の女性一般が望むご利益を担います。となると、**「金運」「事業発展」「厄除け」「良縁祈願」「家内安全」など何でもありな、非常に強力な神様**です。

私の個人的な意見ですが、第一に信仰する神様としてより、二番手、三番手など、補足的に信仰すると、一番手の神様だけでは足りない部分を補ってくれます。たとえば、神様への信仰が深い源頼朝は、それでも大敗し、館山のほうまで逃走したことがありました。このときアメノヒリノメを祭る千葉県館山市の洲崎《すのさき》神社に源氏再興を祈願して、それからは天下人へ一直線でした。あとひと押し、あと一歩の決め手になったわけですね。関ヶ原の戦いのときもそうでした。やはり神様への信仰深く、やることも十分すぎるほどやった㊾徳川家康が、戦い前に参拝したのはアメノヒリノメを祭る東京都品川区の品川神社でした。徳川軍が勝利したことで、品川神社は歴代の徳川将軍に大事にされます。

歴史を裏から動かした女神様と、あなたもご縁を結んでみては？

神様のご利益　良縁成就　金運向上　厄除祈願

こんな人にオススメ！　やることはやった。あともう一押しが欲しい人

64

最高のスタートを切る　新しい道を切り開く　起業にいい

サルタヒコ

起業家やクリエイターに人気の「道を切り開く」神

サルタヒコ（猿田彦）は、新しく物事を始める、起業するなど、経営者やクリエイターに人気の「道案内」「道開き」の神です。古事記・日本書紀の神話「天孫降臨《てんそんこうりん》」において、サルタヒコは高天原から降りてきた㊲ニニギを道案内します。日本書紀によると、鼻が長く、背は高く、赤く照り輝く姿だとか。天狗に似ていますね。地上へニニギらを連れていった後、故郷である伊勢国の五《い》十《す》鈴《ず》川《がわ》の川上へ帰ったので伊勢の神とされます。

愛知県岡崎市の六所神社で、サルタヒコらが祭られています。この神社は、愛知県豊田

市の六所神社が元で、徳川氏の母体である松平氏の始祖・松平親氏《ちかうじ》による創建です。(69)徳川家康が岡崎城で生まれたとき、豊田市の六所神社に礼拝がなされ、のちに徳川家康自身も参拝・寄進をしています。もちろん、両社は江戸幕府より特に手厚く保護を受けました。

家の始祖になるのは「初代運」です。家康も松平家康から徳川氏の始祖になりました。

サルタヒコは新しい道を切り開くご利益があり、私の周りでも、起業する人はサルタヒコの神社に参拝するのが定番です。松下幸之助氏も篤く信仰し、サルタヒコを祭る三重県鈴鹿市の椿大神社《つばきおおかみやしろ》には、松下幸之助社があります。

個人的になぜか親しみのわく神様で、伊勢神宮内宮近くの猿田彦神社を参拝していると、友人が偶然現れて、タクシーに乗せてくれたこともありました。それが縁で、新しい仕事を始めました。

サルタヒコの神社で代表的なのは、夫婦岩で有名な三重県伊勢市の二見《ふたみ》輿玉神社《おきたまじんじゃ》。沖合の海中に沈む石「輿玉神石《おきたましんせき》」をご神体とします。

その他、琵琶湖に鳥居の立つ白鬚《しらひげ》神社（滋賀県高島市）、佐太《さだ》神社（島根県松江市）、大《おお》麻比古《あさひこ》神社（徳島県鳴門《なると》市）などで祭られ、全国の庚申塔《こうしんとう》、道ばたの神である道祖神とも結びついています。

神様のご利益　仕事開運　交通安全　商売繁盛

こんな人にオススメ！　何かを始めるにも、スタートダッシュを決めたい人

65

ピンチを脱出する　思いがけない知恵をもたらす
シオツチノオジ

――困ったときに新しい流れに導く海のおじいさん

主人公のピンチに突如現れ、知恵を授けるおじいさんがいます。映画『スター・ウォーズ』のヨーダのような存在で、シオツチノオジ（古事記：塩椎《しおつち》、日本書紀など：塩土老翁）といいます。

㊲ニニギの2人の息子の神話「海幸山幸《うみさちやまさち》」において、兄ホデリ（海幸彦）の釣り針を失くして困っている弟⑲ホオリ（山幸彦）が登場します。弟の前に現れたシオツチノオジは、竹籠の小舟を出してホオリを乗せると、「潮路《しおじ》に乗って龍宮の王ワタツミの宮に着く。あとはワタツミが良いようにする」と教えました。

日本書紀の神話「神武東征」では、シオツチノオジが「東に良い土地」があると言ったことから、のちの(81)神武天皇は東征を決意したようです。時代を動かす助言ですね。

ご利益は、困ったときに良い知恵がわくこと。自分で気づくこともあれば、人に教えてもらうこともあるでしょう。また(64)サルタヒコに似て、新しい道を切り開くはたらきもあります。**行き詰まっているときや、長く同じところにいて新天地を求めているときに、新しい展開をもたらす神様**です。

各地の白鬚神社の多くはサルタヒコがご祭神ですが、まれにシオツチノオジが祭られています。東京都奥多摩町の白髭神社は、「白髭の大岩」が圧巻な穴場のパワースポットです。

シオツチノオジを祭る代表的な神社は、宮城県塩竈市の鹽竈《しおがま》神社です。社伝によると、国譲り神話で地上を平定した⑳タケミカヅチ・㉑フツヌシが、シオツチノオジの先導で東北も平定。シオツチノオジのみ塩竈の地に留まり人々に製塩を教えたのが、鹽竈神社の始まりです。個人的に鹽竈神社は、全国の神社ベスト5に入るパワーを感じます。

前項で紹介した六所神社は鹽竈神社が元で、松平氏の始祖・親氏が創建した豊田市の六所神社の御由緒に「奥州塩竈六所大明神」と記されます。豊田市・岡崎市どちらの六所神社にもシオツチノオジが祭られています。

神様のご利益
良縁成就　学業成就　交通安全

こんな人にオススメ！　状況を打開したい人

66

頼りがいのある人物になる　愛情深くなる

アメノタヂカラオ

すねた心を引き戻す力強い愛の手

日本屈指の**怪力の神**といえば、アメノタヂカラオ（古事記：天手力男、日本書紀：天手力雄）。字の通り「手に力のある男」です。天岩戸神話では、天岩戸に隠れた⑧アマテラスが、神々の作戦により岩戸を少し開けてのぞいたところを、脇に隠れていたアメノタヂカラオが引っ張りだしたのでした。このとき、アメノタヂカラオが大きく開けた岩戸は遠くに飛び、長野市の戸隠《とがくし》山になったとされます。これが戸隠神社の起源で、地元の神である㉙九頭龍大神《くずりゅうのおおかみ》がアメノタヂカラオをお迎えしたのが創建とされます。

戸隠神社は五社あり、奥社にアメノタヂカラオが、九頭龍社に九頭龍大神が祭られ、両社は隣接しています。

戸隠神社は、高野山・比叡山と並ぶ霊場でしたが、戦国時代に上杉・武田の争いや、武田軍による寺社や僧坊の破壊で、荒廃します。再建したのが⑲徳川家康で、多くの領地を与え、境内の木々の伐採を厳禁にしたことから、約400年、開発や破壊から守られました。おかげで奥社・九頭龍社は、参道の杉並木がまさに別世界のパワースポットになっているので、ぜひ一度はご参拝ください。

怪力の神ですが、実は非常に繊細な神です。天岩戸神話は、心が傷つき自分の殻に閉じこもった女性が、自分を取り戻す物語。神々の努力でアマテラスの気持ちが徐々に開いていくわけですが、決定的な役割を果たしたのがアメノタヂカラオでした。

これは心理学的な話ですが、人が道を外れる原因のひとつは「力強い手」を感じたことがないから。「力強い手」は、愛と信頼を表します。その手にならゆだねられると信頼できる世界でこそ、人は真っ当に生きようと思えるわけですね。

アメノタヂカラオのご利益は、「強い愛」と「信頼」で、すねた心も真っ直ぐに戻すはたらきがあります。人を愛し信頼する心を取り戻すということですね。

神様のご利益　心身健全　仕事開運　身体健全

こんな人にオススメ！　繊細な人

67

オモイカネ

頭が良くなる　知恵や協力者が集まる　難題を解決する

難題はお任せ！最も頭の良い神

日本屈指の知恵の神オモイカネ（古事記：思金など、日本書紀：思兼など）は、天岩戸神話で、岩戸に隠れた⑧アマテラスを出すアイデアを立案し、諸神《もろがみ》の話を聞いて取りまとめた神様です。国譲り神話では、国譲り交渉のために、どの神を地上に派遣するか選びました。

知恵の神様なので、頭が良くなりたい人、良い知恵が欲しい人におすすめの神様。自分が知恵を出すだけでなく、人と議論して共同で良い知恵を出すようなこともサポートしてくれます。私は本や論文を書くための研究や調査のときに、オモイカネに祈っています。

私が「オモイカネおそるべし」と思ったのは、おそらく武田家滅亡の原因だからです。軍神⑥②タケミナカタのところで、織田信長父子と明智光秀は、武田家を滅ぼしタケミナカタの神社を焼き払ったことで、約3か月後に「本能寺の変」などで全員死んだと書きました。しかし、そのタケミナカタを信仰した名将・武田信玄の武田家はなぜ滅びたのか？二実はオモイカネを祭る秩父神社（埼玉県秩父市）を、武田軍は焼き払っていたのです。二千年以上の歴史ある神社を、です。その約4年後、武田信玄は織田信長と決戦すべく西へ進軍する途中、亡くなります。埋葬された場所は、オモイカネ一族の本拠地とされる長野県の阿智《あち》村でした。オモイカネは、国譲りが成功した後、㊲ニニギと一緒に地上に降臨し、その子孫は長野や秩父で活動したのです。

オモイカネの神社を焼き払った武田軍の当主が、オモイカネ一族の本拠地で亡くなり、埋葬された。武田家の命運が尽きたのは、オモイカネの祟りが原因と推測します。ちなみに秩父神社を再建したのが、またもやまたもや㊾徳川家康で（どれだけ神様に恩を売れば気がすむのでしょうか！）、知恵の神様まで味方につけたわけですね。

阿智村にはオモイカネを祭る阿智神社と安布知《あぶち》神社があります。その他、全国唯一の**気象の神**として東京都杉並区高円寺の気象神社で祭られています。

神様のご利益　仕事開運　学業成就　厄除祈願

こんな人にオススメ！　いいアイデアが浮かばない人。斬新なアイデアが欲しい人

68 性的な魅力が向上する　本来持っている才能を発揮できる

アメノウズメ

——神話の記憶を残した芸能と巫女の元祖

ストリップをした女神として名高い(?)アメノウズメ（古事記：天宇受賣、日本書紀：天鈿女）は、日本最古のダンサー・芸人・ストリッパー・巫女で、京都市の車折《くるまざき》神社境内にある芸能神社や、長野市の戸隠神社五社の一社である火之御子社《ひのみこしゃ》のご祭神です。上杉謙信・武田信玄の川中島の合戦で、火之御子社は燃えますが、上杉景勝が社殿を再建。(69)徳川家康は千石の社領を戸隠神社に与え、そのうちの二百石は火之御子社にあてがわれました。

徳川家康と上杉景勝は、アメノウズメの助力を得たでしょう。それにしても徳川家康ほ

ど多くの神様の助力を得た人も珍しく、260年以上続く徳川体制をつくれるはずです。

「芸能の神」であるアメノウズメのご利益は、人々を楽しませる才能を発揮すること。芸事の上達はもちろん、自分の才能や魅力を外に表現する力の発揮、性的な魅力の向上などです。時に大胆さも向上しそうですね。

天岩戸神話では大活躍。古事記によると、トランス状態で肌をあらわに大胆に踊り、観客の神々は大爆笑。不審に思った⑧アマテラスが天岩戸の扉を少し開け、なぜみんな楽しそうに笑っているのか問うと、アメノウズメは「貴方さまより貴い神が現れた」と、そんな神なんていないのに、嘘をしれっとつきます。さすが、元祖・役者の神様です。神様ともなると、嘘もうまいですね。

㊲ニニギと共に地上に降臨したアメノウズメは、道案内をしてくれた64サルタヒコを故郷まで送り、そのまま仕えます。両神は結婚したようで、2人を祭る荒立神社（宮崎県高千穂町）は婚礼のために建てられたとか。

やがて、アメノウズメは猿女君《さるめのきみ》と呼ばれる女性祭祀氏族の祖神になります。巫女や女官の一族ですね。女性が地位を受け継ぐ一族はアメノウズメの子孫くらいで、アメノウズメには**女性集団の中でリーダーシップを発揮するご利益もある**でしょう。

神様のご利益
技芸上達　仕事開運　良縁成就

こんな人にオススメ！　恥ずかしがり屋で、人前に立つと思うようにいかない人

69

東照大権現

粘り強く目標を達成する　完璧にやり遂げる

―呪術で人間から究極神になった天下人

㉑豊臣秀吉に続き、自ら望んで神になった天下人が徳川家康です。ブレーンに天海《てんかい》僧正《そうじょう》を得て、死後も偉大なる神として世界に君臨する仕掛けを徹底的に実行しました。

徳川家康の遺命は2つあり、ひとつは晩年を過ごした久能山《くのうざん》に遺体を埋葬すること。もうひとつが一周忌を過ぎたら日光に神社を建て、自身を神として祭ることでした。

朝廷は東照大権現《とうしょうだいごんげん》なる神号を与え、静岡市の久能山東照宮と栃木県日光市の日光東照宮ができます。一周忌には、遺体（神体）を久能山から日光に移す遷座祭《せんざさい》が行われました。

東照大権現のご利益は、㊽アメノミナカヌシ＋㊶コノハナサクヤヒメといったところ。**「才能開花」「多くの人をまとめる」「ちょっとやそっとじゃ動揺しなくなる」「進むべき方向性を知る」**などです。

久能山と日光の2か所を徳川家康が選んだのは偶然ではありません。2か所を直線で結ぶと、直線上にコノハナサクヤヒメの富士山があります。聖地である両東照宮を結んだ光の通り道《レイライン》上に富士山があることで、東照大権現は富士山のパワーを活用できるわけです。

そして、江戸の真北は日光東照宮です。

つまり、日光東照宮は、江戸の真北にある北極星で、北極星は日本神道のアメノミナカヌシです。東照大権現は江戸のアメノミナカヌシになるわけで、だから**ご利益も、アメノミナカヌシ＋コノハナサクヤヒメ**なのです。

もちろん徳川歴代将軍をはじめ、多くの武士の信仰を集めました。東照大権現の強力なパワーは、江戸幕府が260年以上続いたこと、大都市・東京の誕生で証明されています。

家康は、朝廷から神の位をもらうだけでは満足せず、強力な神様になれるよう巧みにレイラインを組み合わせました。死後のことをそこまで完璧にやり遂げるのは、驚きですね。

東照大権現は、物事を粘り強く完璧に遂行することをサポートしてくれるでしょう。

神様のご利益
心願成就
心身健全
学業成就

こんな人にオススメ！
粘り強さが欲しい人。
計画性をつけたい人

70

美しく健康に生きる　衣食住に困らない

ハニヤスヒメ

トイレの女神は出世の女神

「トイレの神様」という歌が以前ヒットしました。トイレにはキレイな女神様がいると歌われ、そのキレイな女神様こそ、ハニヤスヒメないしハニヤスビメ。日本書紀ではハニヤマヒメ（埴山姫）といいます。

古事記では、男神のハニヤスヒコないしハニヤスビコと一緒に、㊼カグツチを生んだ火傷で苦しむ⑲イザナミの大便から生まれたとか。「うん●の神」ですね。またハニ（埴）は土のことで、**「土の神」**です。日本書紀の一書では火の神カグツチと結婚し、食べ物の神ワクムスビを生みました。

ハニヤスヒメのご利益のひとつは、衣食住に困らないことです。たとえば、便通のいい身体ですね。便通が悪いと、病気の原因になるし、気分もしんどい。余分なものは、どんどん出していかないと、入れるのも苦しくなるし、死にます。同じように、収入などが十分に入ってこなくて、生活が苦しくなる原因は、余分なものを出していないから。**余分なものを出し、必要なものが入ることをハニヤスヒメはサポート**します。

ハニヤスヒメのご利益を受け取ると、私の経験上、体の内も外もキレイになります。

「う●この神」というと、つい汚い感じを想像しますが、実際に便通が良くなると美しく健康になりますよね。ハニヤスヒメを祭る群馬県高崎市の榛名《はるな》神社に参拝すると、自然の恵みが豊かなのもあって、お肌がつやつやになり、潤います。余分なものを出すと、癒やされ、身体の内側から美しくなるでしょう。

また、**土の神様として定着することをサポート**します。「●んこ」は土にまくと肥料になる。土があることで、植物は根付き育ちます。社員が定着しない会社は、ハニヤスヒメの力が乏しいわけですね。徳川将軍の後見役として幕府をリードした会津藩主・保科正之は、ハニヤマヒメ（ハニヤスヒメ）を祭る福島県猪苗代町の磐椅《いわはし》神社を篤く崇敬。江戸幕府が長続きする土台をつくりました。

神様のご利益
家内安全　身体健全　金運向上

こんな人にオススメ！
美しく健康に育ちたい人。
美しく健康に人を育てたい人

71

探究心を高める　安定や秩序をもたらす

山王権現

最高の仏と最高の神が合体した超最高の神仏

超人気のバトル漫画『ドラゴンボール』で、人が合体するフュージョンなる技があり、主人公の孫悟空とライバルのベジータが合体すると超強力になります。そんな「もしも最強と最強が合体したら」を実現したのが山王権現《さんのうごんげん》です。密教（仏教の一派）の最高仏である大日如来《だいにちにょらい》と、神道の最高神⑧アマテラスを合体させた神様で、徳川将軍の側近だった天海僧正が提唱しました。

ご利益をあげるなら、最高を目指してより知的探究が進むこと。一流の学者、宗教人のごとく、理論や考察が深まるでしょう。天台宗の比叡山延暦寺で生まれた神道の流派「山《さん》

神様のご利益　学業成就　立身出世　受験合格

王神道《のうしんとう》」では、比叡山の神である山王は、釈迦の化身が神として現れた権現だとしました。比叡山の神は神道では㉘オオヤマクイですが、天台宗では釈迦になったわけですね。それを天海は、山王権現は密教の本尊で宇宙の真理を表す大日如来で、かつ日本神道の最高神アマテラスだと説き、新しい流派「山王一実《いちじつ》神道」を立てたのです。

山王一実神道は、流派として力を持たず、大日如来＋アマテラスの山王権現は、天海僧正の頭の中だけで終わります。つまり、山王権現は理想に過ぎないのです。

山王権現の寺社は、比叡山の延暦寺・日吉大社（滋賀県大津市）です。日吉大社のご祭神で元々の山王権現であるオオヤマクイは安定や秩序をもたらすとお伝えしましたね。

日吉大社は桜並木の参道が美しく、また個人的に、神様と遭遇したかのような心霊現象を体験しました。テレパシーみたいなもので、参拝せず通り過ぎようとした小さなお社へ誘導されたのです。延暦寺はどっしりと力強い場所で、自身の守りが強くなった気がします。精神的に強く安定する感じですね。

天海がイメージする最高の神仏「山王権現」。天海僧正のみの理想だからこそ、我々はアクセスできません。読者の皆様は、本書を読んで、お好きな神様を合体させてはどうでしょうか。あなたの究極の神様をつくってみてください。

こんな人にオススメ！　学者など、ひとつのことを追求する人

二荒山大神

障害を取り去る　安全に事業発展し財産を築く

古代の最強親子神、再び

古代日本で信仰された神々が、またまた登場します。それも父母子トリオで、父は出雲の㉓オオナムチ（⑤オオクニヌシ）、母は㉞宗像三女神の長女タゴリヒメ、子は古代の天下人・葛城氏の氏神①アヂスキタカヒコネです。この父母子が合体した神を二荒山大神《ふたらさんおおかみ》といいます。

栃木県日光市の二荒山神社に祭られ、ご神体は日光三山の男体山《なんたいさん》＝オオナムチ、女峯山《にょほうさん》＝タゴリヒメ、太郎山《たろうさん》＝アヂスキタカヒコネです。すでに出てきた神様三柱の再登場を不思議に思うかもしれませんが、三神合体なのです。一柱でも強力なのに、三柱まとめて神

様になれば、それはそれは強力でしょう。

当然そのご利益も**通常の3倍で、アヂスキタカヒコネの障害を強力に取り払う力、オオナムチの金運・心身の健康・事業発展、宗像三女神タゴリヒメの交通安全・新しい情報や技術の獲得のすべてに対応**します。一粒で三度おいしいみたいなものですね！

関東では特に強力な神様で、関東の戦国大名・北条氏が信仰します。しかし強い神様は、だからこそ、敵が味方につけたら厄介だと目を付けられることがあって、㉛豊臣秀吉に領地を没収され、滅亡しかけます。その後、江戸幕府が日光東照宮を創建し、そばにいる二荒山大神も重視されます。徳川秀忠は、二荒山神社の本殿を再建し、以降、徳川の歴代将軍が日光参詣の折は、二荒山神社も必ず参拝していました。

徳川秀忠の立場は、相当に危うかったはずです。戦国時代の荒々しい空気が濃厚に残っていて、いつ反乱が起きてもおかしくない。それをうまく乗り切ったことは、もっと評価されていいですし、その裏には二荒山大神の強力なサポートがあったことでしょう。

二荒山大神は日光でしか会えない神様です。二荒山大神のご縁を得たい方は、日光までお出でください。二荒山神社、本宮神社、滝尾《たきのお》神社の日光三社、プラス中禅寺湖畔の二荒山神社・中宮祠《ちゅうぐうし》まで足を伸ばしていただくのがおすすめです。

神様のご利益　厄除祈願　交通安全　商売繁盛

こんな人にオススメ！　組織のいざこざをうまくおさめたい人

73

歓喜天

力が欲しい人に力を与える　一般的な欲望に何でも対応

象の頭に人の体をした現世利益が得意な仏神

「貧乏を転じて福を与える」の神といえば、歓喜天《かんぎてん》です。象頭人身の姿をした仏教の神で、元はヒンドゥー教のガネーシャ。聖天（しょうてん、しょうでん、せいてん）ともいいます。天台宗の開祖・最澄は「我々（僧達）は志あっても力がない。歓喜天を信仰すれば、貧乏人でもたちまち裕福になり、卑しい地位の人間でも高い地位に就けるであろう」と教えました。お釈迦様の説いた極端に清貧な仏教と異なり、人間の欲に随分と寛容ですね。

歓喜天を信仰すると、以下の現世利益を得られるとします。「除病除厄」「富貴栄達」「恋

愛成就」「夫婦円満」「除災加護」など。**「子授けの神」**としても信仰されています。

平安時代、家格が低いのに異例の出世で政権の実質トップにまでなった㉙菅原道真は、歓喜天を篤く信仰しました。死後に与えられた神号「天満大自在天神」の大自在天は歓喜天の別名で、要するに天神さんには歓喜天も混ざっています。

歓喜天のお寺には「ビッグ2」があります。東京都台東区浅草の待乳山聖天《まつちやましょうでん》と、奈良県生駒市の宝山寺、通称・生駒聖天《いこましょうてん》です。

待乳山聖天は推古天皇の御代、待乳山の小高い丘に「金龍」が現れたのが創建の由来で、大根をお供えすることでも有名です。幕府の支配を盤石にした第3代将軍・徳川家光は、本堂を建立するなど、篤く崇敬しました。

私の知る経営者にも人気で、金運に敏感な社長さんは定期的に参拝しています。作家の池波正太郎の生誕地はすぐ隣で、代表作『鬼平犯科帳』にもたまに登場しますよ。

生駒市の宝山寺は、第5代将軍・徳川綱吉や当時の皇室などから篤く信仰され、住友財閥を創業した住友家など商売関係の人も熱心に信仰しました。

私がなぜおすすめするかというと、神社の神様と違い、**人間の成長を伴わなくても、力を貸してくれる神様**だからです。**物質的なご利益が欲しい人には、いい**でしょう。

神様のご利益　金運向上　身体健全　商売繁盛

こんな人にオススメ！　世の中に不平等を感じている人。いいことないが続いている人

有名になりたい　心身の回復に効く
土師真中知

浅草寺の神の正体は、まちの物知りと漁師

東京の大観光地である浅草寺《せんそうじ》を創建したのが土師真中知《はじのまなかち》、檜前浜成《ひのくまのはまなり》・武成《たけなり》兄弟です。3名を主祭神とする浅草神社（東京都台東区）が、浅草寺の本堂東にあります。例年200万人近くが参加する5月の三社祭《さんじゃまつり》は、浅草寺のお祭りではなく、浅草神社のお祭りです。

土師真中知はまちの物知り、檜前浜成・武成は漁師さん兄弟です。「普通の人じゃないか！」と思った方、その通りです。ここまでの「人間が神になる例」は全員、日本史に大きく名を残す有名人でしたね。ところが、浅草神社はまったくの一般人。漁師の檜前兄弟

が浅草浦（今の隅田川）で漁をしていたら、人形の像が何度も網にかかり、不思議に思って、その像を地元の物知り・土師真中知に見せたら、「これは聖観世音《しょうかんぜおん》菩薩の仏像だ」と。土師真中知は僧侶になって、自宅を寺にし観音像を奉ったのが浅草寺の始まりです。

ご利益はあるようで、「心身の回復」です。原因不明のひざの痛みに悩んでいるとき、松下幸之助氏は浅草寺でご祈祷を受け、回復。雷門の巨大な提灯は、幸之助氏からの御礼でした。個人的にも、にぎやかなのに、ゆったり落ち着く寺社です。

立身出世のご利益もあり、平安時代、武蔵国の国司（今でいう知事）になりたい平公《たいらのきん》雅《まさ》は、「国司になったら立派なお堂をつくります」とよく祈願していたらうまくいき、約束どおり立派な本堂を今の場所につくりました。

また、関ヶ原の戦いで徳川を勝利に導いたのは浅草寺だと評判になり、さらに訪れる人が増えて、観光都市・浅草が誕生します。その後、徳川秀忠も篤く尊崇、徳川家光はお寺を守る浅草神社を建てますが、以降、徳川家と浅草の関係はだんだん薄くなり、庶民のお寺に変わっていきました。

無名の人がこれだけ有名なお寺の神様になったので、**有名になりたい無名な人におすすめ**です。

神様のご利益
立身出世
身体健全
学業成就

こんな人にオススメ！
怪我や病気などで弱気になっている人。
才があると信じてやまない人

75

新世界への道案内　厄除け　身を守る

道臣

暴れん坊将軍を生んだ神武天皇の親衛隊

テレビドラマ「暴れん坊将軍」の主人公で広く知られる江戸幕府第8代将軍・徳川吉宗。父や兄の相次ぐ死で徳川御三家の紀州藩主になった吉宗を将軍にまで導いた神こそ、道臣《みちのおみ》です。

道臣は神話「神武東征」で神武天皇軍の先鋒を務めました。㉕カモタケツヌミが神武天皇軍を道案内したとされますが、常識的には先頭にいた道臣の案内で、㉛神武天皇はその功績を称え「道臣」と名乗るように言いました。まさに**「導き」の神**ですね。

神武天皇即位の際は宮門《きゅうもん》の警衛を務め、神武天皇が即位後初めて政務を行う日、道臣は

妖気を祓ったとか。道臣の子孫は、古代の有力な軍事氏族・大伴氏《おおともうじ》で、天皇を守る親衛隊のような存在でした。

ご利益は、今までと異なる世界へ導くこと。就職・転職、入学、引っ越し、結婚、離婚、出産、独立、芸能界デビューなど、さまざまな転身がスムーズにいくよう助けます。スムーズにいかせるための**厄除けや心身の安全もサポートする**でしょう。

道臣を祭る和歌山市の刺田比古《さすたひこ》神社は、「吉宗公拾い親神社」と呼ばれます。徳川吉宗は、紀州藩第2代藩主の四男で、厄年に生まれました。当時、厄年生まれの子は「捨て子にすれば丈夫に育つ」と言われ、一旦捨てられた吉宗の拾い親になったのが、刺田比古神社の宮司で大伴氏の末裔です。

以来、徳川吉宗は刺田比古神社を篤く崇敬します。紀州藩主就任や将軍就任は道臣のおかげと深く感謝され、将軍就任後、吉宗は国家安泰の祈願社に刺田比古神社を定めました。

第25代・武烈《ぶれつ》天皇のとき、男系子孫が途絶え、大伴氏は越前国（福井県）より継体天皇を迎えました。江戸幕府も、徳川秀忠の男系子孫が途絶えると、徳川吉宗を将軍に迎えたのです。道臣が神武天皇を迎え、子孫の大伴氏が継体天皇を迎えたように、ですね。**転身したい人を導いてくれる**でしょう。

神様のご利益　交通安全　厄除祈願　家内安全

こんな人にオススメ！　生活シーンが大きく変わる人。新たな旅立ちを迎える人

76

楠木正成

生きる意欲が増す　大きな目標ができる　仲間が増える

幕末のアイドルになった南北朝の英雄「楠公さん」

鎌倉幕府の倒幕などで大活躍した南北朝時代の武将・楠木正成は、幕末に活躍した維新の志士たちのアイドルでした。「忠義の人の見本」として戦国時代から昭和初期まで、現代で一番人気の芸能人やユーチューバーをはるかにしのぐ人気を誇り、また尊敬されていました。

あまりにも人気だったため、有力人物たちから「楠木正成公の神社をつくってほしい」と提案があり、(88)明治天皇の命で神戸市に湊川《みなとがわ》神社が創建されます。湊川神社の元になった正成のお墓「楠公《なんこう》墓所」には、幕末の有名人がほぼ全員参拝し、篤く崇敬しました。神

神様のご利益
心願成就　良縁成就　心身健全

様になった正成は、人々から「大楠公《だいなんこう》」と呼ばれるようになります。

神様としての楠木正成のご利益は、「志を持って生きる」こと。抽象的ですが、特に感化された(86)吉田松陰は、楠公墓所に4度参拝。「墓を参ったとき、涙が止まらなかった」と書き残し、松陰の私塾・松下村塾《しょうかそんじゅく》では楠木正成兄弟が最期に誓った言葉「七生滅賊《しちしょうめつぞく》」（7回生き返っても朝敵を滅ぼす）を掛け軸にかかげ、正成の精神を若者に熱く語りました。

松陰は極端な例とはいえ、心に火がついて、以前よりも思い切った行動を取るようになるわけですね。**くすぶっている人、暑苦しいと人に言われるくらい情熱をもてあましている人には、特におすすめ**の神様です。くすぶっている人は、大きな情熱や行動力を内に秘めているのですが、それがうまく発揮できなくて、どこにその情熱や行動力を注げばいいかわからなくて、くすぶるわけですよね。正成のご利益を得ると、この**くすぶりを解消し、大きな目標に向かって、大胆に行動する**ようになるでしょう。

また楠木正成公は、志ある人を集める目印にもなります。正成のお墓に幕末の志士たちが自然と集まったように、湊川神社に参拝して、**楠木正成のご利益を得ると、自分と志を同じくする人たちが集まってきて、結社のような集団ができる。**私自身、湊川神社で講演会をしてから、おかげさまで、一緒に仕事をしてくれる仲間が増えました。

こんな人にオススメ！
やる気がいまいち出ない人。もっと突き抜けたい人

77

商売上手になる　お金の交渉が上達　輸出入ビジネスにいい

山家清兵衛公頼

坂本龍馬が脱藩を誓った宇和島の怨霊

「そのとき、歴史は動いた」。土佐藩の郷士だった坂本龍馬は28歳のとき、脱藩を決意し（脱サラのもっと深刻なもの）、坂本家の守護神である高知市神田の和霊神社へ参拝。一緒に脱藩する同志と水杯をしました。

ご祭神の山《やん》家《べ》清《せい》兵《べ》衛《え》公頼《きんより》は、元は伊達政宗の家臣。伊達政宗の長男・伊達秀宗が伊予国（愛媛県）の宇和島初代藩主になった際、筆頭家老として政治の指揮を実質とりました。

そんな山家清兵衛公頼はなぜ神になったのでしょうか？

答えは怨霊とされたからです。ある深夜、藩主の伊達秀宗の命で自宅を襲撃され、清兵衛とその家族は殺害されました。事件後、反清兵衛派の政敵たちが事故や落雷で相次いで死亡します。

藩主の伊達秀宗は病に倒れ、息子たちも次々に亡くなりました。飢饉や台風、大地震も相次ぎ、「清兵衛が怨霊となり怨みを晴らしている」という噂が広まって、山家清兵衛公頼の無実も判明したため、秀宗は「山頼《やまより》和霊神社」を建立しました。

その後、参拝者が増大し手狭になったことから、第5代藩主によって、山家清兵衛公頼邸跡に今日の和霊神社を創建。伊達家の本家・仙台市にも和霊神社ができました。

いわば清兵衛は「宇和島の天神さん」。幕末の宇和島藩は、伊達宗紀《むねただ》、伊達宗城《むねなり》と藩主に名君が続き、本家の仙台藩よりも家格が上になります。清兵衛の**「厄除け」**が効きましたね。

坂本龍馬は倒幕運動をしながら、海運業や貿易業を営み、ビジネスの交渉事も得意でした。幕末の他の志士にはない商人的発想は、清兵衛の見えないサポートも影響していることでしょう。明治維新後の伊達宗城も新政府の閣僚として外交や財政を担いました。伊達宗紀・宗城も坂本龍馬も、**お金の交渉が得意で外国との貿易を促進したのは、陰に清兵衛のご利益がある**のです。

神様のご利益
商売繁盛 厄除祈願 交通安全

こんな人にオススメ！
新しいことに挑戦したい人。
既存の枠にとらわれないことをしたい人

妙見菩薩

自分がやるべきことを知る　事の善悪や真理を見抜く

勝海舟を救った北極星と北斗七星の仏神

妙見菩薩は、インドの菩薩信仰と中国の道教における北極星・北斗七星信仰が合体し神格化した存在で、㊵弁才天や㊹毘沙門天ら「〇〇天」と同じ「天部」に属します。

仏教では格上から順に、如来→菩薩→明王→天で、妙見菩薩は菩薩ですが、インド由来の菩薩ではないため、一般の菩薩より格下です。もっとも我々一般人からすると、神仏の格が上か下かは大した問題ではなく、どういうご利益があるかのほうが大事でしょう。

妙見の意味は「妙なる視力」、**事の善悪や真理を見通すことが、ご利益の基本**です。中

国の道教において、北極星は宇宙のすべてを支配する最高神・天皇大帝《てんのうたいてい》で、天帝の乗り物たる北斗七星は、人々の生死や幸福・災厄を支配するとされました。そこから**「厄除け」「長生き」**などの信仰もあります。

妙見菩薩は日蓮宗や密教、修験道で重視され、神道の㊽アメノミナカヌシと習合します。日本三大妙見とされるのは、福島県相馬市の相馬中村神社、熊本県八代《やつしろ》市の八代神社、日蓮宗の能勢妙見山（大阪府豊能《とよの》郡能勢町）です。

「能勢の妙見さん」は全国的に有名で、東京都墨田区の能勢妙見山別院は、勝海舟とその父が熱心に信仰しました。勝海舟は幼少期に犬に襲われて大怪我をし、父の勝小吉はここで水垢離《みずごり》（冷水を浴びること）による回復祈願をしたと伝わります。

坂本龍馬も妙見信仰を持っていたようで、勝海舟と同じく妙見山別院に通っていたとか。

江戸で坂本龍馬が剣術修行した場所は、「北辰一刀流」の千葉道場です。北辰は北極星で、創始者である千葉周作の千葉氏は妙見信仰でした。幕末江戸三大道場では最も人気の道場で、龍馬以外にも幕末に活躍した人物を多く輩出しています。勝海舟も坂本龍馬も千葉周作も、物事を見抜く優れた眼力「妙なる視力」の持ち主たちですね。人を見る目があるということです。

神様のご利益　心願成就　健康長寿　心身健全

こんな人にオススメ！　人事や採用を担う人。人を見る目がないと感じている人

79

ホオリ

仕事の結果が向上する　縁結び全般

元祖・浦島太郎は天皇の祖先

㊲ニニギの次男で、古事記ではホオリ（火遠理）、日本書紀ではヒコホホデミ（彦火火出見）と表記し、龍宮で乙姫と結婚した元祖・浦島太郎です。

ホオリ（山幸彦）は兄ホデリ（海幸彦）の釣り針を失くして困っているところ、㊺シオツチノオジの助けで龍宮の王⑩ワタツミの宮に行きました。ここまでは以前お伝えしましたが、その後、ワタツミの娘と結婚。3年経ってホームシックで地上に戻る際、ワタツミからもらった潮の満ち引きを操る珠を使って、兄ホデリとの戦いに勝利しました。

山の猟が得意だから山幸《やまさち》。ホが折れるのは「実るほど頭《こうべ》を垂れる稲穂かな」で、稲が実ることを表し、**食べ物を得ること全般にご利益があります。**昔だと、田畑の豊作ですが、現代では職業によって異なります。

たとえば、営業なら契約がたくさん取れること。我々が普段最も気にしている**結果の向上をサポート**します。そして、結果の向上には、頭を垂れる謙虚さが必要だとホオリは説きます。

結婚が鍵の神様だけに、「縁結び」や「子孫繁栄」のご利益もあるでしょう。ホオリの神社は、鹿児島や宮崎に多くあるのですが、空前の新婚旅行ブームを起こしました。宮崎市青島の青島神社はホオリの居住した宮跡《きゆうせき》と言われています。こちらに昭和35年、島津久永（薩摩藩主・島津忠義の孫）・貴子（昭和天皇の第五皇女）ご夫妻が新婚旅行で訪れ、2年後の昭和37年には新婚間もない皇太子ご夫妻（現、上皇・上皇后陛下）も訪れて、空前の新婚旅行ブームが到来したのです。

鹿児島県霧島市の鹿児島神宮も、ご祭神はホオリなどです。戦国時代から江戸時代にかけて、歴代の島津氏より崇敬された鹿児島県霧島市の高屋山上陵《たかやのやまのえのみささぎ》は、明治政府が定めたホオリの陵です。

神様のご利益　良縁成就　五穀豊穣　安産祈願

こんな人にオススメ！　新婚さん。結果は出ているがもっと結果を出したい人（ただし、謙虚さがないと……）

80

男性を鍛える「あげまん」効果　不利な力関係が有利になる

トヨタマヒメ

──政権交代を引き起こす龍宮の乙姫

　前項の⑲ホオリが結婚したのは、龍宮の王⑩ワタツミの娘トヨタマヒメ（古事記：豊玉毘売、日本書紀：豊玉姫）でした。私たちもよく知っている乙姫様です。「タマ」は神様の御霊、神霊のことで、神様とやりとりする巫女だったと推測されています。

　ホオリが陸に戻るとき、トヨタマヒメは妊娠していることを告げ「産屋を建てて待っていて」と言いました。その後、龍宮から陸にやってきたトヨタマヒメは産屋に入り、「絶対に中をのぞかないように」とホオリに告げます。当然（?）、我慢できずにこっそり中をのぞくホオリ。トヨタマヒメの姿が龍（ワ

神様のご利益

良縁成就 心願成就 安産祈願

ニ、サメ説も……）なのを見てしまい、恥ずかしさのあまりトヨタマヒメは海に帰ります。生まれた子は、トヨタマヒメの妹㉛タマヨリヒメが残って養育しました。

「妹が姉の子を養育ってどういうこと?」と謎ですが、ホオリの父㊲ニニギが経験したように、ひとりの男性のもとに姉妹2人で来たわけですね。トヨタマヒメ姉妹とホオリの関係構築は成功して日本建国につながり、トヨタマヒメの孫は初代天皇に即位します。

以上の神話から、**トヨタマヒメのご利益は、「安産」「縁結び」「外国など異文化との交流」など**が言われています。個人的に思うには、頼りないホオリをしっかりさせて、立派な墓の残る九州の王にした「元祖あげまん」ではないでしょうか。

トヨタマヒメを祭る神社は九州に多く、薩摩藩の島津氏を代表に、勇猛な男たちから崇敬されました。鹿児島県南九州市の知覧《ちらん》はトヨタマヒメが治めた伝承がある縁の地で、知覧の豊玉姫神社は、トヨタマヒメを祭る代表的神社です。

薩摩藩は幕末に明治維新を引き起こしました。**日本建国の鍵となったトヨタマヒメは政権交代を起こすご利益もある**ようです。私もトヨタマヒメを意識するときは、ごく狭い人間関係の中ですが、力関係が変化します。**マウンティングされていたのが、逆にこちらが有利になる**ような、小さい政権交代が起こりますよ。

こんな人にオススメ！

力関係を逆転させたい人。
土壇場に追い込まれている人

運気を上げる神様ワーク⑪

納得できない過去の経験を燃やす

カグツチのお力を借りて、
過去の納得できない体験について紙に書き、燃やす。

運気を上げる神様ワーク⑫

巳の日、己巳の日にお参りする

暦で巳の日・己巳の日に
宇賀神・宇賀弁才天（宇賀神と弁才天の合体）の神社・お寺にお参りしよう。

- 蕪嶋神社（青森県八戸市）
- 金蛇水神社（宮城県岩沼市）
- 黄金山神社（宮城県石巻市）
- 氷川神社・弁天社（埼玉県富士見市諏訪）
- 円泉寺（埼玉県飯能市）
- 不忍池辯天堂（東京都台東区上野公園）
- 江の島の江島神社（神奈川県藤沢市）
- 銭洗弁財天宇賀福神社（神奈川県鎌倉市）
- 琵琶島の宇賀神社（長野県上水内郡信濃町）
- 竹島の八百富神社（愛知県蒲郡市竹島町）

・竹生島の宝厳寺（滋賀県長浜市）
・毘沙門堂の高台弁財天（京都市山科区）
・天河大辨財天社（奈良県吉野郡天川村）
・厳島の大願寺（広島県廿日市市）
・宗栄寺、名島神社（福岡市東区）

運気を上げる神様ワーク⑬

塩にこだわる

シオツチノオジのお力を借りて、
・風呂に塩を入れる
・塩水を数滴ほど部屋の各隅に飛ばす
コップに塩水を入れておはし等で飛ばしたり、霧吹きで何回か吹きかけるのも可。旅先のホテルでやるのも良し。

運気を上げる神様ワーク⑭

もう会えないあの人に謝罪する

山家清兵衛公頼のお力を借りて、
申し訳ないことをしたと思う人に謝罪する。
直接言えなければ、神社やお寺で祈りながら心の中で謝罪するのも可。

運気を上げる神様ワーク⑮

あなたのホロスコープを見てみよう

妙見菩薩のお力を借りて、
生年月日と出生時刻から占星術で定番のホロスコープを見てみよう。
ネットで「ホロスコープ　無料」と検索すると
診断サイトがいくつも見つかります。

第5章 魅力を磨きたい

81

繁栄が長続きする　組織に力を与える

神武天皇

日本を始めた初代天皇

2月11日は「建国記念の日」。紀元前660年1月1日（新暦2月11日）、大和の橿原宮《かしはらのみや》にて、神武天皇が初代天皇に即位しました。以来、2021年現在も続く「世界最古の王室・王朝」が日本の皇室です。皇室と王室は厳密には違いますが、世界最古の王室と言いたいので、ご容赦ください。

紀元前の歴史は不明ですが、6世紀以降に日本で王朝が交代したことはなく、少なくとも1500年以上続いています。

ご利益は「経済的繁栄」「長期的成功」など。目先の物事よりも、これから10年以上か

けて取り組んでいくようなことを、サポートしてくれる神様です。国家運営もその一例ですね。

神武天皇とは後世の人が付けた名称で、古事記はカムヤマトイワレビコ（神倭伊波礼毘古）、日本書紀はヒコホホデミ（彦火火出見）などと表します。神武天皇のお墓（神武天皇山陵）の所在は不明でしたが、幕末1863年になって、江戸幕府が特定し修復しました。

神武天皇の面白いのは、⑧アマテラスの子孫で、山の神や海の神の子孫でもあって、主だった神様の力をフル装備しているところです。一方、明治時代までは、本格的に信仰されていませんでした。

ところが新政府首脳のブレーンを務めた国学者の意見で、新政府の理念は「神武創業に基づくべし」となります。以降、神武天皇への崇敬の念が大きく高まります。

そこで、⑱明治天皇の命で奈良県橿原市に橿原神宮が創建され、隣接する神武天皇山陵は明治以降の天皇・皇族が節目に訪れる場所となりました。

近代日本は海の神のご利益で貿易が発展し、山の神のご利益で製鉄・鉄鋼業が発達。経済的に繁栄したことから、**神武天皇は金運や技術開発のご利益が大きい**ようです。

神様のご利益　金運向上　商売繁盛　健康長寿

こんな人にオススメ！　人生を賭けて取り組みたいものがある人。家業を継ぐ人

後醍醐天皇

あきらめない強さ　カリスマになれる

敵にも愛された圧倒的なカリスマ天皇

後醍醐天皇は、波瀾万丈すぎる生涯を送ったカリスマ天皇です。

・250年ぶりに30代で天皇即位
・倒幕計画が発覚して隠岐島へ流罪される
・島から脱出し、倒幕に成功。再び天皇に
・足利尊氏との戦いに負け京都へ追放
・吉野に新たに朝廷を開く

など、大変な人生ですね。

後醍醐天皇が神様として注目されたのは、⑱明治天皇・明治政府が後醍醐天皇を特別に崇敬し「建武中興十五社」を創建したからです。「建武の中興」に貢献した南朝側の皇族・

公卿・武将が主祭神の神社一五社で、その一社は(76)楠木正成を祭る湊川神社です。一五社は皆、通常より高い社格を与えられ、中でも最も高い社格「官幣大社」を与えられたのが、後醍醐天皇をお祭りした奈良県吉野町の吉野神宮です。

明治25年創建と神社としては歴史が浅いですが、長い歴史があるかのごとく落ち着いた神社です。それもそのはず、ご神体は第七皇子の後村上天皇が勅命で吉水院《よしみず》（今の吉水神社）に550年以上奉っていた後醍醐天皇の尊像でした。

ご利益は「強く願って叶える」「多くの人をひきつける魅力」です。とにかく「あきらめない」のが後醍醐天皇で、**己の理想を実現するために最後まで行動し続けた精神力を、我々も少し分けていただける**でしょう。

「王政復古の大号令」、当初の予定は後醍醐天皇の政治への王政復古でした。幕末に大流行した尊皇思想は、南朝の後醍醐天皇を正統とする立場で、「南朝に復古せよ」でした。後醍醐天皇の桁外れに強い思いは、死んで数百年経ってもなお生き続け、神様として信仰されるまでになったのです。

京都市の嵐山近くには、後醍醐天皇の敵である足利尊氏が後醍醐天皇の菩提をとむらう天龍寺を創建しました。敵にも愛された魅力ある天皇で、**カリスマ向上もご利益です**ね。

神様のご利益 心願成就 必勝祈願 仕事開運

こんな人にオススメ！
魅力をアップしたい人。
カリスマ性が欲しい人

83

ナンバーワンになる　徹底してやり抜く

神功皇后

日本史上初めて紙幣の顔になった最強の女帝

本書で一番多く登場している人物です。

日本史上初めて外国に遠征した将軍は妊娠中の女性で、出産を遅らせるために、陰部に石を挿入し、腹に石を当てサラシを巻いていたと聞いたら、ドン引きでしょうか。サラシを巻いたレディースではありません。時の最高権力者で、③コトシロヌシや⑨住吉三神ら多くの神々を降ろす巫女の神功皇后です。お腹の中の胎児は「胎中天皇」で、日本史上初めて胎児で天皇になる応神天皇、のちの⑬八幡神です。

神功皇后は、夫の仲哀天皇の死後、日本史上初の摂政《せっしょう》として天皇の代わりに政治を行い

ます。名はオキナガタラシヒメ（息長帯姫）ともいいます。

間違いなく**「日本史上最強の女帝」**でしょう。清和源氏を武士で最高の家にした八幡太郎こと源義家をはじめ、数多くの武士に信仰されました。「日本史上初」がたくさんある神功皇后ですが、明治時代、日本史上初めて紙幣の顔になります。当時は日本銀行券ではなく政府紙幣で、一円札の肖像になりました。つまり、「明治政府の顔」です。

日本書紀では、邪馬台国の女王・卑弥呼が、神功皇后かのように匂わせています。卑弥呼の正体最有力でしょう。

神功皇后は八幡神で、住吉三神と共に祭られ、夫婦神です。その**ご利益も「八幡神＋住吉三神＋男女関係」とオールマイティですが、目的のためなら、何が何でもやりきってしまう「強い気持ち」を養ってくれます。一番になりたい人、トップになりたい人におすすめ**です。何といっても、信者数はナンバーワンで、ご利益を実感した人が最も多いことを表します。

八幡神としては、総本宮の宇佐神宮（大分県宇佐市）、石清水八幡宮（京都府八幡市）、筥崎宮（福岡市）の三大八幡をはじめ、大抵の八幡神社で祭られています。

ここでは紹介しきれないほど多くの神社で祭られ、神としても最強の女帝です。

神様のご利益　仕事開運　必勝祈願　安産祈願

こんな人にオススメ！　一番を目指す人。トップになりたい人

84

関東での事業発展・厄除け

平将門

日本経済を発展させた永遠の反逆児

お笑い芸人の爆笑問題・太田光さんが若手時代、東京都千代田区大手町の将門塚にドロップキックして、しばらく仕事が来なかった伝説があります。

将門塚は平安時代に謀反を起こし関東一円を支配した平将門の首を祀る場所で、元々は神田神社（神田明神）がありました。将門は戦国時代の関東武士や江戸の庶民に人気で、東京都千代田区の今の神田神社や築土《つくど》神社、新宿区の鎧神社などでもお祭りされています。

㉙天神さんの菅原道真や崇徳《すとく》上皇と並ぶ「日本三大怨霊」ですが、平将門だけ近年もオ

カルトファンに取り上げられます。たとえば、関東大震災で全焼した大蔵省庁舎を再建するとき、将門塚を壊して仮庁舎を建設したら、トラブルが続出しました。第二次世界大戦後も、米軍が将門塚を壊そうとして、またもや同じ目に遭い、工事は中止になります。

要するに、「今なお続く怨霊伝説」なのです。しかし、権力者にとって畏怖な存在でも、庶民にとっては愛されている存在でした。平将門は天皇に謀反を起こしたことがあるため、尊皇の明治政府が神田神社のご祭神から平将門を外したところ、評判は悪く、神田祭は抗議で10年ものあいだ中止になりました。

平将門のご利益は、関東の発展を後押しすることです。かつて、関東に国をつくろうとして失敗したことによるご利益です。**商売でも政治でも芸能でも、関東の発展に力を尽くす人なら、大きなサポートを得られる**でしょう。

三菱財閥の創始者・岩崎弥太郎は、江戸へ遊学した際、先々代土佐藩主未亡人の病気平癒を祈るために、神田神社に代理参拝していました。明治7年、岩崎弥太郎・弥之助兄弟は、神田神社そばに自宅と三菱の本社を構え、大きく拡大します。将門塚に隣接する丸の内は、日本を代表するオフィス街に成長。岩崎兄弟は平将門のご利益を受け取り、お役目を果たしました。東京勤めの人は、平将門の神社に参拝すると、仕事運が上がります。

神様のご利益
金運向上 厄除祈願 仕事開運

こんな人にオススメ！ 関東で一旗あげたい人

85

出世する　ポテンシャルが引き出される

高麗王若光

参拝した政治家を
次々総理にする高句麗王族

2017年9月20日、当時の天皇・皇后両陛下（今の上皇・上皇后両陛下）はプライベートで埼玉県日高市の高麗《こま》神社に参拝しました。両陛下は初の参拝、今上天皇は1975年、高校生のときに参拝されています。皇室ゆかりの神社、ではなく、ご祭神は高麗《こま》王《のこきし》若光《じゃっこう》。かつて朝鮮半島北部から中国東北部に存在した高句麗の王族です。

唐・新羅連合軍に高句麗が侵略された際、高麗王若光は援軍要請のため日本に来ますが、668年、高句麗は滅亡します。716年、日本に帰化した関東周辺の高句麗人1799

人は武蔵国に移され「高麗郡」が創設、初代郡長に任命されました。

死後、郡民が高麗王若光の霊を祭ったのが高麗神社です。

「出世開運の神社」で知られ、大正から昭和にかけて高麗神社に参拝した政治家が、6名も総理大臣になります。若槻礼次郎、浜口雄幸《おさち》、斎藤実《まこと》、平沼騏《き》一郎、小磯《こいそ》国昭、鳩山一郎の各氏です。近年では、ソ・ガンジュンさんら韓国の人気俳優グループ「5urprise《サプライズ》」のメンバーも何名か参拝しています。

高麗王若光が強力なのは、人脈の開拓。仕事では多くの人と関わりますが、多くの人と役立つご縁を結ぶのに向いています。なぜなら、日本人の中で、高句麗にルーツを持つ人たちが多いからで、見えない高句麗人脈ネットワークがはたらくのでしょう。古代多くの渡来人が日本に帰化しており、自覚の有無にかかわらず、いろいろな血が入っています。

上皇陛下も自ら「百済の子孫」とおっしゃいます。桓武天皇の母が百済系で、高麗神社にプライベートで参拝されたのも、当時の歴史にご関心があられたからのようでした。

高句麗も百済も古代に滅亡した国家で、今の韓国や北朝鮮、中国とは関係ありません。しかし、霊魂の視点で見れば、高句麗の王も百済の王も日本で生き続けています。高麗神社に参拝すると、自覚なき「古代のスイッチ」が入るかもしれませんよ。

神様のご利益

立身出世　神恩感謝　仕事開運

こんな人にオススメ！

日本を愛する人。
人のつながりを大事にしたい人

心に火をつける　受験の合格や就活をサポートする

吉田松陰

近代日本の指導者を育成した「松下村塾」の先生

「諸君、狂いたまえ」と説いた吉田松陰は幕末最も人々に影響を与えた思想家です。外国の軍艦に2度乗り込もうとして捕まり、投獄後、生家の杉家で謹慎処分になります（吉田家には養子入り）。謹慎処分中、私塾「松下村塾」を開き、わずか2年で、著名な門下生が多数生まれました。

吉田松蔭は無謀にも思えるテロ行為を計画して処刑されますが、門下生は伊藤博文と山縣有朋の2名が総理大臣になり、天皇に進言する「元老」として、死ぬまで国政に強い影響力を持ち続けました。他にも、大臣や将軍多数、日本大学や獨協大学など大学を設立す

る者、高杉晋作のような人気者など多士済々です。

明治になって吉田松陰を祭る神社も現れます。東京都世田谷区の松陰神社は、高杉晋作らが長州ゆかりの世田谷・若林村に松蔭を埋葬し、その後、その地に伊藤博文、山縣有朋らで創建しました。

神様としての吉田松蔭のご利益は「成し遂げる」ことです。学問も政治も、熱狂的に取り組んだ吉田松陰ですが、具体的な成果は何もあげることなく、処刑されました。だからこそ、**「大きな成果を出すこと」「志を成し遂げること」がご利益になる**わけですね。

成し遂げることは、政治や社会的なことだけではありません。それよりも**受験生や就活生の合格祈願**などで人気です。9歳で長州藩校の師範になるほど英才だった松蔭は**「学問の神様」**としても親しまれるようになりました。

最近の人すぎて神様とは思いにくい方も多いでしょう。「だって人間でしょ！」と。確かに神様としては若手です。ただ、その分、身近な頼れる先輩みたいなもので、やりたいことがわからない、具体的な目標や成し遂げたいことなんてない、そんな**自分探し中の人が、やりたいことを見つけるのもサポートしてくれます。**多くの若者の心に火をつけるのは、生きているときから松蔭先生の得意技ですね。

こんな人にオススメ！

やりたいことが見つからない人。
将来に展望が持てていない人

87

イシコリドメ

心穏やかになる　正しく物事を見る　裏方で力を発揮する

渋沢栄一が氏子だった 三種の神器「八咫鏡」の制作神

２０２１年の大河ドラマ「青天を衝け」の主人公で、２０２４年に新１万円札の顔になる渋沢栄一は今最も注目の人物でしょう。その渋沢が近所に50年以上住んで長く信仰した神社が、東京都北区の七社《ななしゃ》神社で、この七社神社の神の一柱がイシコリドメです（古事記：伊斯許理度売、日本書紀：石凝姥など）。

イシコリドメは神様の世界では鏡職人です。天岩戸神話では、⑧アマテラスを岩戸から誘い出した八咫鏡を制作しました。八咫の意味は「大きい」で、でかい鏡のことですね。

ただの鏡ではなく、天皇の証である三種の神器のひとつで、伊勢神宮内宮にあるアマテラスのご神体です。八咫鏡に先立ってつくった日像鏡《ひがたのかがみ》・日矛鏡《ひぼこのかがみ》は、和歌山市の日前神宮《ひのくま》・國懸《くにかかす》神宮にあり、日像鏡は日前神宮の、日矛鏡は國懸神宮のご神体となっています。

ご神体は神様が降臨する物で、神社ではご神体の多くが鏡です。神社で特に重視されるだけあって、**イシコリドメの鏡のご利益はしっかりあり（だって三種の神器ですよ！）、「荒れた感情を落ち着かせて心穏やかに生きる」「偏見や思い込みを薄くし正しく物事を見る」「脳を活性化させる」などです。**これらが可能なら、大体の物事はうまくいきますよね。

渋沢栄一は実業家として約500の会社を設立し、約600の社会公共事業に関わりました。結果、現在のみずほ銀行、東京海上日動火災、大日本印刷、東京証券取引所ほか、誰もが知る企業・団体を数多く生み出しました。これだけ多くの企業・団体を成功させる人は、もう現れないでしょう。

イシコリドメを祭る神社は少ないですが、鏡がご神体の神社すべてにイシコリドメは関わっています。いわば神様界の裏方で、裏方なくして、表舞台の人たちの活躍はありません。**主役で目立つことよりも、裏方で力を発揮したい人は、特にイシコリドメのご利益をいただいてください。**

神様のご利益　技芸上達　心身健全　仕事開運

こんな人にオススメ！　人のために尽くしたい人。裏方稼業で邁進している人

明治天皇

縁結び　寛容な心　時代の変化に対応する

縁結びに最適な人気ナンバーワン神社の神

参拝客が最も多い神社といえば、東京都渋谷区の明治神宮。初詣に訪れる人の数は、お寺を含めてもナンバーワンですね。その一番人気の神社のご祭神は明治天皇です。幕末に即位した第122代天皇で、明治時代は明治天皇の御代です。

明治神宮にある有料の御苑に入ったとき、「ひょっとして池に龍がいるのか？」と感じた出来事がありました。清正井《きよまさのいど》を水源とする池の奥にあぶくの立つ波紋が生じ、どんどんこちらに近づいてきたことがあったのです。一緒に目撃した人たちと盛り上がったことは言うまでもありません。

ちなみに明治神宮創建の中心人物は渋沢栄一で、明治神宮奉賛会の副会長として多額の献金を集めました。

明治天皇のご利益は、寛容な心で、新しい変化を受け入れることです。明治神宮には老若男女や海外の人など、多種多様な人たちが集まります。**今まで付き合ったことのないタイプの人たちにご縁が広がるのも、明治天皇のご利益です**ね。私も新しいお付き合いが、明治神宮で何度も始まり広がりました。明治天皇のお社は、それだけ縁結びする相手の幅が広く、一般的な意味での縁結びにピッタリですね。明治神宮の他に札幌市の北海道神宮でも祭られています。

国際的に活躍したい人にも、明治天皇はおすすめの神様です。明治時代は、初めて多くの日本人が「国際社会」「世界の中の日本」を意識した時代です。日本人であることのアイデンティティを思い出させてくれる神様であり、**グローバルで活動するご利益も得やすい**でしょう。

明治天皇のお社は多種多様な人たちが集まるからこそ、マーケティング調査にも適しています。といってもアンケート調査などするわけではありません。明治天皇のお社に定期的に参拝することで、他の参拝客と同期して、時代の変化に自ずと対応できるわけですね。

神様のご利益

良縁成就　交通安全　神恩感謝

こんな人にオススメ！

新しい出会いを求めている人。
守りから攻めに転じたい人

運気を上げる神様ワーク⑯

もしも夢を絶対あきらめないとしたら？

後醍醐天皇のお力を借りて、
絶対にあきらめないことを決めて、
お好きな神社であきらめないと誓いましょう。

―・私は○○をあきらめない！

―

第6章

大舞台で力を発揮したい

大きな仕事をする　仕事で活躍する人とパートナーになる

九頭龍大神

政財界の裏に箱根の龍神あり

会社員時代の私の仕事で「30億円の契約」が決まり、神社に参拝するご利益を実感したのが芦ノ湖畔の九頭龍神社でした。神奈川県箱根町の元箱根にあり、九頭龍大神をお祭りしています。私が初めて神社参拝の旅をした場所で、月に一度のお祭りの日に、雨の中ご祈祷を受けました。雲の中にすっぽり入ったような感覚になり、インパクトある体験でしたが、数日後、展示会にイレギュラーな形で出展が決まり、30億円の契約獲得につながったのでした。

九頭龍大神は、名の通り、九つの頭がある龍ないし大蛇として描かれます。全国各地に

九頭龍さんの伝承があり、たとえば長野市の戸隠神社の九頭龍大神です。ある修行者が法華経を唱えることで、九つの頭と龍の尾を持つ鬼をこの地に閉じ込め、善なる龍神に変化させたとか。自社に「30億円の契約」をもたらした芦ノ湖の九頭龍さんも、暴れていると、ある僧が善なる龍神に変化させたとされます。九頭龍さんは元々、人々を困らす悪い存在で、僧侶が呪術でこらしめ、仏法を説き、良い性格に矯正したとされるわけですね。

経営者には絶大な人気で、私が参拝した芦ノ湖畔にある九頭龍神社・本宮は、一時、西武グループの私有地だったほど、関係が深いです。西武グループは、埼玉西武ライオンズ、西武鉄道、西武百貨店（今はそごう・西武）など、名だたる流通企業グループで、創業者や後継の経営者たちは、芦ノ湖の九頭龍さんのお力をよく借りていたようですね。

西武グループの繁栄を見ると、とりわけ**関東で大きな仕事をしたい人は、芦ノ湖の九頭龍さんに挨拶されることをおすすめ**します。**縁結びでも有名**で、特に大きな仕事をする人とパートナーになりたければ、良い場所ではないでしょうか。芦ノ湖畔は、箱根神社、九頭龍神社・本宮、箱根元宮の三社詣でがおすすめですが、忘れられがちなのは、芦ノ湖畔に向かって参拝すること。なにせ九頭龍さんは、芦ノ湖にいらっしゃるわけですから、湖に向かっても手を合わせてみましょう。

神様のご利益　商売繁盛　良縁成就　金運向上

こんな人にオススメ！　とにかくデカい仕事をしたい人。大業を成し遂げたい人

90

運が良くなる　冷静沈着になる　何かと引き寄せられる

白龍大明神

経営の神様が信じた「運が良い理由」の原点

「あなたは運が良いですか?」。松下幸之助氏が、面接でよく聞いた質問です。「運が悪い」と答えると、どんなに優秀でも不採用でした。

なぜ、運が良い人を雇い、出世させるのか。大正7年、松下幸之助は会社設立時に、和歌山市の生家で祭っていた「白龍大明神」を祭りました。以来、本社に白龍大明神を祭っています。実は龍神さんは、パナソニックグループの守護神で、さまざまな色や種類の龍神が約百か所に祭られています。

白龍大明神のご利益はズバリ「金運」で、中小企業の経営者を中心に、根強く信仰され

ています。白龍を祭る神社には寄進も多く、それだけ「結果」が出ているのでしょう。

私の友人は名古屋駅から徒歩10数分の白龍神社で「某有名出版社で出版したい」と絵馬に描いたら、しっかり願いが叶いました。

実は、その絵馬を見た別の人が、何か良い印象を持ったようで、「この人の願いが叶いますように」と祈り、その願いが叶った直後、この2人は偶然出会うことになりました。

もし名古屋の白龍神社に参拝したら、本殿を参拝した後、右手奥にお参りください。立派なご神木と龍のお社があります。そこでお願いしたことを絵馬にも書いておきましょう。

名古屋にはもう一社、白龍さんのお社があり、中区栄1丁目の洲崎神社です。こちらも本殿を参拝した後、右手奥にお参りください。白龍社があります。たくさんの白い旗が寄進されて、地元の経営者に信仰されていることがわかります。

くだらない話かもしれませんが、本当に力があるのか実験してみました。果物のバナナをイメージした後、こちらに参拝したら、約15分後に、自転車に乗った20歳前後の女性が信号待ちでおもむろにバナナを食べ出すのに出くわしました。ここは引き寄せ力が抜群なので、具体的な願望を明確に映像でイメージして、ご参拝ください。**白龍さんは知的でクール、心を冷静に落ち着かせてくれます。**白龍神社でクールダウンしましょう。

神様のご利益 開運招福 金運向上 心願成就

こんな人にオススメ！ わかりやすいラッキーを求めている人。イメージを実現したい人

91

豊かな世の中をつくる　豊かな暮らしを実現する

善女龍王

空海を助け、松下幸之助の邸宅に祭られた龍神

天皇の勅命で雨乞い祈祷をした弘法大師空海は、インド北部の決して水が涸れない池に住む龍神にお出でいただき、3日間、国中に雨を降らせることに成功します。この伝説の龍神こそ「善女龍王《ぜんにょりゅうおう》」です。

雨を切実に降らせたい現代人は少ないかもしれませんが、古代、国家が雨を降らせる力にすがったのは豊作のため。**善女龍王の本質的なご利益は「五穀豊穣」で、物質的に豊かな暮らしの実現を支援します。**

善女龍王を信仰した人物といえば、またもや松下幸之助氏で、長者番付1位に10度なっ

た人が「生涯一度の贅沢」として建てた邸宅「光雲荘《こううんそう》」に祭られました。公私にわたるおもてなしの場として利用されたパワースポットです。

第二次世界大戦の荒波を乗り切って世界的な総合電機メーカーであり続けているのは、善女龍王ら龍神さん信仰の影響も大きいでしょう。

善女龍王は「物理的にたくさんもたらす」特徴があり、スケールが大きいので、**小さなことより大きなこと、世の中をより豊かにすることを願うといい**でしょう。

西宮市にあった光雲荘は、枚方市に移築され、パナソニックの研修施設です。我々一般人が参拝するなら、京都市の神泉苑《しんせんえん》でしょう。桓武天皇が「天皇のための庭園」とした、歴代天皇のいこいの場です。常に清らかな水がわくことから神泉苑と名付けられました。空海が雨乞い祈祷を成功させた場所で、源義経が静御前にほれた場所です。神泉苑の池にある中島に、空海が勧請《かんじょう》した善女龍王社があります。勧請は神仏を分霊することで、善女龍王は、空海が唐に留学したときに長安の青龍寺より勧請した龍神です。

清瀧権現ともいい、醍醐寺（京都市）の清瀧宮に祭られています。奈良県宇陀市の龍穴神社もおすすめです。

豊かな世にしたい方、ぜひご参拝ください。

神様のご利益　五穀豊穣　商売繁盛　学業成就

こんな人にオススメ！　私利私欲ではなく、世の中のために貢献したい人

92

延命長寿　ご利益全体を増加させる
武内宿禰

300年近く天皇に仕えた日本最初の大臣

「300年近く天皇の側近だった」という長寿伝説を持つのが武内宿禰《たけのうちすくね》です。**「延命長寿の神」**として、福井県敦賀市の氣比神宮では長命水をいただくのが人気です。武内宿禰は主な有力貴族の元祖で「ザ・黒幕」、日本最初の大臣でした。

日本の主要な神々に武内宿禰を通してつながると、そのご利益は倍増するでしょう。**延命長寿だけでなく、他の神々からいただくご利益を水増し、かさ増しする神**です。

武内宿禰の正体のひとつは、高良《こうら》の大神と呼ばれる高良大社（福岡県久留米市）の神で

す。武内宿禰は③コトシロヌシ・⑨住吉三神などが神がかりした㉝神功皇后の審神者《さにわ》でした。審神者は、神霊が憑依した巫女と対話し、神霊のメッセージを通訳したり、あるいは、その神霊の正体を見極めたりする役割です。

高良大社奥宮は、武内宿禰の埋葬されたところで、**「あらゆる願い事を叶えてくださる神様」**として、特に篤い信仰を集めています。

武内宿禰のお力を近代日本政府も重視し、日本銀行券の肖像として明治から第二次世界大戦の終戦時まで活躍（？）しました。明治32年、武内宿禰を祭る鳥取市の宇倍神社は、全国の神社で初めて、社殿が武内宿禰の肖像と共に5円紙幣に載った「お金の神社」です。

映画『ゴジラ』『大魔神』『座頭市』シリーズなどの音楽を作曲した巨匠・伊福部昭氏は、明治初期まで宇倍神社の宮司を世襲した伊福部氏の出身です。

武内宿禰のお社は、基本、⑬八幡神や住吉三神と一緒に、あるいは、八幡神社・住吉神社境内の小さなお社に祭られ、あまり目立ちません。その正体も、㊹サルタヒコ、㊺シオツノオジ、㉕カモタケツヌミ、住吉三神など、さまざまな神の化身ともされます。

審神者として、我々自身の正体も見極める武内宿禰の前で、ごまかしや嘘偽りは通用しません。駆け引きなく、真っ直ぐ志や思いをお伝えしましょう。

神様のご利益　健康長寿　立身出世　技芸上達

こんな人にオススメ！　長生きしたい人。黒幕的な性格の人

道を極める　強力な魔除け
大口真神

達人の精神を磨き上げる『もののけ姫』の白い狼

「だまれ小僧!」の台詞で知られる大ヒット映画『もののけ姫』のキャラクター「モロの君」。森を守る白い巨体の犬神ですが、そのモデルが「大口《おおくちの》真《ま》神《がみ》」で、かつて日本に生息していた日本狼を神格化した存在です。

大口真神を祭る神社といえば、埼玉県秩父市の三峯神社、東京都青梅市の武蔵御嶽《みたけ》神社などがあげられますが、その**ご利益を一言でいえば、「道を極める」。**武道や芸事をする人たちが、孤高ともいえるハイレベルまで、**己の技術や精神力を高める**効用があります。三峯神社は極真空手の創始者・大山倍達《ますたつ》氏が

修行の場としていたことで知られており、今でも極真空手の合宿地です。

武蔵御嶽神社は、多数のオリンピックメダリストを輩出し、ウエイトリフティングの三宅ファミリーがよく参拝されています。結果が厳しく問われる人のための神様ですね。個人的には、三峯神社でベストセラー祈願のご祈祷をしたら、見事に当たりました。

経営者にも人気で、毎月1日に定期的に参拝する人も数多くいます。大口真神は、猪や鹿から作物を守ることから、**さまざまな災いから守る「魔除け」のご利益が強い**とされます。「モロの君」のように人語を理解し、人間の性質を見分ける力があるとされるので、獣から守るだけでなく、**人間の悪意や悪気からも守る**わけですね。

大口真神といえば、神札（お札）が熱心に信仰されています。三峯神社では大口真神を、お犬様、御眷属《ごけんぞく》様などと呼び、この御眷属様を神札として1年間拝借し、地域や一家の守護を祈る習慣があります。これを「御眷属拝借」と呼び、ある友人によると、御眷属様が部屋にいると、オカルト現象で特有のラップ音もなくなるとか。変な霊を寄せ付けないのかもしれませんね。1年経ったら、神社に必ずお返しください。

武蔵御嶽神社でも「おいぬ様」の絵が描かれた大口真神のお札が提供されています。道を極めたい人、強力な魔除けを求める人は、どちらかの神社でお札をいただいてください。

神様のご利益
必勝祈願 厄除祈願 身体健全

こんな人にオススメ！
プロセスではなく、結果が大事と考えている人。
災いが多いと感じている人

94

アラハバキ

復活・再生　潜在能力を解放する

―青森から発信された消された神々の象徴

日本の神に光と影があるなら、影の部分を象徴する神がアラハバキです。縄文の神、ヤマト王権の支配を拒否した古代東北の民・蝦夷《えみし》の神、製鉄の神など、諸説あれど、正体は不明。**アラハバキ神のご利益は「復活」「再生」で、今まで活用していなかった能力や資質を新たに発揮する**でしょう。

アラハバキは東北に多く祭られ、総理在職日数史上1位の安倍晋三氏は、アラハバキを信仰した古代東北の豪族・奥州安倍氏の末裔と自認しています。1度目の任期中に、病により最悪なタイミングで辞任し、復活不可能と思われていました。それが東日本大震災の

ときにボランティアで東北を回った後、早々に総理に復活。2度目は連続在職日数でも通算日数でも最長記録をつくり、まさに「復活」のアラハバキの神らしいご利益ですね。

さいたま市の氷川神社には、かつてアラハバキを祭っていたお社があります。本殿右手の門客人《もんきゃくじん》神社で、おすすめのパワースポットです。㉟クシナダヒメの父母アシナヅチ・テナヅチを祭っていますが、古くは「荒脛巾《あらはばき》社」でした。アラハバキ神を祭っていた神社の多くは、別の神にご祭神を変更したようです。

奥州安倍氏は、前九年の役で源頼義・義家に滅ぼされました。安倍晋三氏の父で長く外務大臣を務めた安倍晋太郎氏は、祖先が青森県五所川原《ごしょがわら》市の石塔山《せきとうざん》・荒覇吐《あらはばき》神社に埋葬されたと聞き、夫人と晋三夫妻、画家の岡本太郎氏と参拝しました。グーグルマップでは石塔山・大山祇神社、国土地理院の地図では十和田神社です。

安倍晋三氏の弟の岸信夫氏は、兄・晋三氏の代理で、岩手県奥州市の磐《いわ》神社に参拝しています。奥州安倍氏の居住地そばの神社で、今は⑲イザナミが祭られますが、奥州安倍氏はアラハバキを祭っており、巨石がご神体です。アラハバキ神が祭られたところの多くは磐座《いわくら》があり、岩手県花巻市東和町の丹内山《たんないさん》神社も巨石がご神体です。**巨石は長続きするご利益がある。**守りたいものがある人は、ぜひ、足を運んでみてください。

神様のご利益
心願成就 立身出世 家内安全

こんな人にオススメ！
成功を長く続けたい人。
再起をかけている人

95

トヨカワダキニシンテン

性欲と金銭欲を満たす　良い意味で欲張りになる

芸能人御用達の性と金運の女神

芸能人にも経営者にも、**強力な現世利益がある**と大人気なのが、トヨカワダキニシンテン（豊川吒枳尼眞天）です。豊川稲荷の神で、愛知県豊川市にある他、東京都港区の元赤坂にあります。元赤坂の豊川稲荷東京別院は、芸能人御用達のお寺で、ジャニーズ事務所の人たち、山口百恵さん、マツコデラックスさん、上田晋也さんら有名芸能人が多数参拝し、お相撲さんにも人気です。

赤坂の豊川稲荷は元々、テレビドラマ「大岡越前」の主人公・江戸南町奉行の大岡忠相《ただすけ》が、トヨカワダキニシンテンを自身の屋敷内に祭ったものです。大岡忠相は、江戸時代でただひとり町奉行から大名になるなど、江戸時代で最も開運出世したサラリーマン武士です。豊川市の豊川稲荷信仰はお伊勢参りに次ぐ人気でしたが、江戸の人間にはやはり遠く、江戸にも参拝場所が欲しいと熱望されて、一般人も参拝できるようになりました。もちろん異例の出世をした大岡忠相にあやかりたい気持ちもあったようですね。ちなみに豊川市の豊川稲荷は、神社と誤解する方も多いですが、曹洞宗の寺院「妙厳寺《みょうごんじ》」です。

お稲荷さんといいつつ、稲の神㉗ウカノミタマとは異なる神で、白狐に乗る女性として描かれます。空海の真言密教が稲荷信仰と結びついた影響で、インド密教のダーキニーと結びついたのです。ダーキニーは、性的欲望を神聖な力「シャクティ」としたタントラ仏教の女神で、性愛の神とされます。端的にいえばセックスを改善する神様ですね。トヨカワダキニシンテンは祭るのが非常に難しいとされ、一度祭ると自分の命と引きかえに最後までその信仰を持たなければならず、もしその約束を破ると、途端に没落し、災いがもたらされると考えられました。

おっかないことも言われるので、芸能人のような人気商売の方や経営者・事業者の方々も、熱心に信仰されているようです。**人間の二大欲求「性と金」に対応する、ものすごくわかりやすい女神**ですが、安易に手を出すと痛い目を見るわけですね。

神様のご利益　商売繁盛　技芸上達　金運向上

こんな人にオススメ！　性と金に紐づく人気商売に関係ある人

ウガヤフキアエズ

新時代の創生　新時代の変化に対応する

今の日本をつくった神と龍のハーフ

新時代、新世代など、新しい何かを生み出す神がウガヤフキアエズです。天皇の祖先⑲ホオリと、⑳トヨタマヒメとの子です。父が神、母が龍の異類婚で、ウガヤフキアエズは龍のハーフですね。息子は初代天皇となる㉑神武天皇で、日本が建国されました。まさに新時代の創生で、ウガヤフキアエズまでが神世代、神武天皇から人間世代です。

ご利益は、「直感力」や「インスピレーション」です。時代を変えるような新しいアイデアや想像もしなかったことを思いつくきっかけを与えてくれます。

ウガヤフキアエズを祭る宮崎県日南《にちなん》市の鵜戸《うど》神宮は、女性のための聖地として、あるいは近現代における新たな性役割に対応する老若男女の聖地として役割が大きいでしょう。神社参拝は階段や坂を上ることが多いですが、鵜戸神宮は珍しく「下り宮」で、さらに海岸沿いの洞窟の中にあるため、女性的な「陰」のエネルギーが強い特徴があります。

トヨタマヒメがウガヤフキアエズを生んだ産屋とされ、洞窟は子宮的、海は羊水的ですね。陽が外に出て競争するエネルギーだとしたら、陰は、内面を浄化し整えるなかで知性や個性を育む調和のエネルギーです。また、鵜戸神宮は、西の高野山と呼ばれる修験道の聖地で、巫女や審神者的な、神の世界と人間の世界をつなぐお役目の方も参拝されます。

令和のスタートも、ウガヤフキアエズの影響があります。今の上皇・上皇后両陛下は昭和37年と昭和54年の2度、皇太子ご夫妻の時代に、鵜戸神宮を参拝しました。

他にも、第二次世界大戦後から平成の世にかけて、昭和天皇・皇后両陛下ら、10数名の皇族が参拝されました。戦後の皇室にとって大事な神だったことが推測されます。平成の世で「戦後」は終わり、次の時代に移行したことでしょう。

なお、宮崎県高千穂町の高千穂神社には、㊲ニニギ・㊶コノハナサクヤヒメ、ホオリ・トヨタマヒメ、ウガヤフキアエズ・㉛タマヨリヒメの皇祖神ご夫妻3代が祭られています。

神様のご利益　安産祈願　家内安全　心願成就

こんな人にオススメ！　アイデアやひらめきを欲している人

97

国際的に活躍する　大舞台で力を発揮する

東郷平八郎

ここ一番の大勝負を助ける
海軍大将

東京・原宿駅近くの東郷神社は、アスリートがよく参拝する神社です。オリンピックに7度出場した橋本聖子さん、サッカー日本代表の中心選手として活躍した本田圭佑選手、オリンピック3大会で金メダル3つ銀メダル4つを獲得した体操の内村航平選手なども参拝に訪れています。

アスリートですから、もちろん目的は「必勝祈願」。合格祈願の神社としても知られ、**目標を達成するための強い心を養う**ご利益です。

ご祭神は日露戦争で連合艦隊司令長官として活躍した東郷平八郎（元帥・海軍大将）。

薩摩藩士出身の海軍軍人で、日露戦争の日本海海戦で完勝し国内外で英雄視されました。東郷神社の創建は、陸軍の英雄・乃木希典《まれすけ》を祭る乃木神社に対抗する意図もあり、ご本人は神になるのを嫌がっていたとか。しかし、その意思はスルーされ、東京都渋谷区と福岡県福津市に東郷神社が創建されました。

「国際的に活躍したい人」にも良い神社です。東郷平八郎の海外での知名度は高く、「世界三大提督」のひとり（他はイギリスのネルソン、アメリカのジョーンズ）。トルコでは日露戦争の戦勝を記念しトーゴー通りがつくられ、フィンランドではトーゴービールがつくられ、米国「タイム」誌の表紙を飾りました（日本人初）。先にあげたアスリートもオリンピック前や海外移籍前に参拝しています。**世界相手に戦うときに特におすすめ**です。

これは都市伝説的ですが「肉じゃが」の生みの親です。明治初期まで日本人には肉食の習慣がなく、それがため「脚気《かっけ》」なる病気にかかる人が大勢いました。その解決策が肉食で、取り入れた海軍は脚気が激減し、取り入れなかった陸軍は減りませんでした。ただ、洋食そのままでは日本人の口に合わず、日本的な肉食料理が海軍で生まれ、そのひとつが肉じゃがです。こういった**生活面でのちょっとした問題解決も担当する**ので、原宿に来たら訪ねてみてください。

神様のご利益　必勝祈願　受験合格　身体健全

こんな人にオススメ！　国際戦など、日本を代表して戦う人。問題解決に取り組みたい人

98

恋愛成就　ピンチをチャンスにする
オトタチバナヒメ

危ないオトコたちに人気の ピンチを救う女神

オトタチバナヒメ（古事記：弟橘比売、日本書紀：弟橘媛）は、㊻ヤマトタケルの妃です。ヤマトタケルが船で上総（今の千葉県中央部）へ移動する際に暴風で立ち往生し、同行していたオトタチバナヒメは自ら海に入水して海神の怒りを鎮め、航海の安全を図ったとされます。日本最古のラブストーリーとも言われるこの神話から、**「恋愛成就」の女神**として信仰されました。

暴風の原因は、ヤマトタケルが「こんな小さい海、飛んで渡れる」と軽口を叩いたことで、海の神が、渡れるものなら渡ってみよと怒ったのでした。オトタチバナヒメの犠牲で無事に海は渡れたものの、ヤマトタケルは大層後悔します。

「悲恋物なのに、どこが恋愛成就？」と思われそうですが、神様が悲恋を経験したからこそ、逆に、ハッピーな恋愛成就のご利益があるわけですね。オトタチバナヒメの自己犠牲は、男性視点で見れば、自身の失敗で愛する女性を守れなかったことになります。だからこそ、**ご利益は「愛する人を守る」**ことになります。

ヤマトタケルのピンチを救ったことから、**「ピンチを救う」ご利益がある**と、オトタチバナヒメは危険な職業の人にも人気です。死後に神になったカリスマ軍人の2人、海軍大将・⑨⑦東郷平八郎、陸軍大将・乃木希典らは、横須賀市の走水神社に弟橘媛命記念碑を建立します。走水神社はヤマトタケルを祭る神社でしたが、記念碑建立の前年、すぐそばの岬に祭られていたオトタチバナヒメも合わせて祭るようになりました。

横須賀は日清戦争・日露戦争で急速に発展した軍港で、小泉純一郎・元総理ら小泉ファミリー躍進の地でもあります。小泉純一郎氏は、「ピンチをチャンスに」が口癖の勝負度胸ある政治家でした。ヤマトタケル、軍人、リスクを取る男たちに愛された**オトタチバナヒメは、ピンチのときに、「予想外の助力」を授けてくれる**でしょう。千葉県茂原市の橘《たち》樹《ばな》神社は、オトタチバナヒメを祭る神社として唯一、正史に記されています。

神様のご利益　危除祈願　身体健全　良縁成就

こんな人にオススメ！　警察や消防など危険が伴う職業の人、あるいは、そのご家族

99

ククリヒメ

円滑な縁切り　執着を手放す

俗世の執着を手放す
日本三大霊山の縁切り女神

ククリヒメ（菊理媛）は、日本三大霊山・白山の女神で、白山比咩《しらやまひめ》ともいいます。**「くくる」からご縁をくくる縁結びの神とも言われ、その本質は「円滑な縁切り」です。**不要になった縁を、すみやかに、遺恨を残さないで切る。**「くくる」の反対で、「手放し」のご利益が大きい**でしょう。

日本書紀の本文ではなく、補足の説によると、⑲イザナミ・イザナギの夫婦が死者の世界である黄泉国の坂で争っていたときのことです。

夫イザナギは、死んだ妻イザナミを、わざわざ死者の国まで追いかけて「帰ってきてく

れ！」とお願いしたわけですが、イザナミは「あなたとは国を生んだし、もう十分でしょ。これ以上、さらに産めと言うの？　一緒には帰れません」と断りました。

そこに突然現れたククリヒメは、「何か」を言いました。「それ」を聞いたイザナギは、ククリヒメに感謝し、その場を立ち去りました。ククリヒメが「何」を言ったのか不明ですが、離婚調停のごとく仲裁をされたのです。ククリヒメの一言で、イザナギは妻に対する執着を捨てたわけですね。

ククリヒメは、日本神話の中で極めてマイナーな神であることから、中央政界の皇族・貴族に信仰される神ではありません。しかし、ククリヒメ信仰の白山神社は全国に二千社以上あり、日本神界でトップ10に入る大手神様グループです。

立身出世の神社でもないのに、ここまで大きく信仰が広がっているのは、俗世間を離れた神々の世界を実感する神であり、白山の偉大さでしょう。

私自身、白山神社の総本宮である白山比咩神社（石川県白山市）で、「音が消えた感覚」を覚えた体験をしており、別世界に来たと実感するものがありました。

白山は全国から修験者が集まる山岳信仰の地で、今上天皇も、若かりし頃、白山に登山をされました。ククリヒメからも格段の支援をいただいているようですね。

神様のご利益　厄除祈願　良縁成就　心身健全

こんな人にオススメ！　悪い縁を切りたい人

100

産土神

何でも相談していい　思えば叶う

あなたの人生で最も重要な神

最後にご紹介するのは、他の神々と位置づけは違いますが、あなたの人生で最も重要な神です。産土神《うぶすなのかみ》といって、あなたが生まれた土地の鎮守神です。要するに、生まれ故郷の神で、人によって異なります。

たとえば徳川家康の産土神は、㊹サルタヒコや㊺シオツチノオジなど愛知県岡崎市の六所神社の神々ですし、徳川吉宗の産土神は、和歌山市の刺田比古神社で、ご祭神は㊱神武天皇の側近・㊻道臣でした。2人とも産土神を手厚く祭り、人並み外れた出世や活躍をしました。

産土神は生まれてから死ぬまであなたに伴走します。そうやって**伴走すること、共にいることがご利益です。**仮に、あなたがさまざまな神様のサポートを得られるとして、間に立つのが産土神になります。もちろん、**産土神が直接あなたに何かご利益を授けるようなこともありますが、他の神々との仲介役もする**のです。

たとえば、他の神々に「この人はこういう願いや価値観を持っているのです」と情報を補足するわけですね。神々のご縁結びは、マッチングサービスのようなもので、個別のフォローが必要なのです。「私の産土神はどなただろう?」と気になる方もいるでしょう。出生地がわかれば、各都道府県の神社庁に問い合わせると、答えてくれるようです。

多くの赤ちゃんは病院で生まれるので、出生地は病院か実家か迷う人もいます。実家とお答えするのが一般的ですが、特に決まりはありません。神道はあいまいで、明確に言語化されていませんので、「なんとなく」くらいの感覚でよいと私は思っています。

私自身の産土神は㉙天満大自在天神、天神さんのようで何かとご縁があります。もし病院なら、近くの熊野神社に祭られる⑲イザナミ・イザナギ、⑧アマテラスなどが産土神です。どちらでもいいと割り切っています。産土神に祈りたいときは、自室や神棚で「産土神さま」と3度呼びかけています。この方法なら、名前を知らなくてもOKですね。

神様のご利益

安産祈願 受験合格 家内安全 商売繁盛 開運招福 心願成就 学業成就 心身健全 技芸上達 神恩感謝 金運向上 身体健全 健康長寿 必勝祈願 五穀豊穣 厄除祈願 交通安全 立身出世 仕事開運 良縁成就

国家安泰以外、全部

こんな人にオススメ! 今、本を読んでくださっているあなた

運気を上げる神様ワーク⑰

龍神さんの流れに乗る

龍神さんのお力を借りて、
キレイな水が流れる神社や水のそばで、自分の意を宣言しましょう。
意を宣《の》ると、龍神さんの流れに乗れます。

運気を上げる神様ワーク⑱

手放しワーク

ククリヒメのお力を借りて、
不要なものを手放しましょう。やり方はカンタンです。
白山神社で、あるいは白山神社のお札を立てた神棚で、
「私は◯◯を手放します」と宣言してください。

おわりに――神様と「良き隣人」になろう

本書を最後までお読みいただき、ありがとうございます。

日本の神様を100項目にわたり、これでもかとお伝えさせていただきました。

あなたが「力を借りたい」神様は見つかりましたか?

あなたが「力を貸したい」神様は見つかりましたか?

本書では、日本国の歴史の最初までさかのぼり、現代によく知られている神様だけでなく、古代から近代まで、それぞれの時代によく知られていた神様をご紹介しました。皆お力の大きい、すごい神様ばかりです。

すごい神様ですが、ご存じない神様も多くいらしたかもしれません。神様一般のイメージと違う神様もいたかもしれません。

日本の神様って、決して完璧な存在ではありません。けっこう人間くさくて、失敗も欠点もいっぱいある。元々、人間だった神様もたくさんいます。

私たちとぜんぜん違う存在、というわけではなくて、神様は私たちと同じように、悩み、苦しみ、肉体はないけれども、意志を持って、生きているわけですね。肉体のない、意志だけの存在である神様と私たち人間は、この日本列島で、一万年以上も前から共に助け合って生きてきました。

「神は人の敬によりて威を増し、人は神の徳によりて運を添ふ」

鎌倉時代に制定された「御成敗式目」の第一条に記された言葉です。意味は、神様は人間の敬う心によってそのお力を増し、人間は神様の徳をいただいて運を開く。この神様の徳こそ、ご利益です。

御成敗式目は、鎌倉幕府の第3代執権・北条泰時が中心になってまとめた日本初の武家政権による法令です。武士にも一般庶民にも大きく影響を与えたこの法令は、神様と人との関係を説くことから始まるわけですね。

神様と人との関係は一方通行ではありません。お互いを助け合い高め合う存在。神様のお力をいただく「開運」は、このお互い様の関係の中で起こることを、読者の皆様にご理解いただければ、本書を出版した甲斐があります。

本書の冒頭にも申し上げました。

神様のやりたいことを助ける人は、神様から多くのプレゼントを受け取るでしょう。目に見えないだけで、神様は我々の隣人としていつも近くにいます。隣人ですから、決して何かしてくれるだけの、一方的に都合のいい存在ではありません。メリットをもたらすこともあれば、デメリットをもたらすこともある。神様のいるお社を焼き討ちにしたら、それなりの報復があるのは、本書で述べた通りです。

見えない隣人がいるのは素敵なこと。けれども、そのことに気づかなければ、何だかもったいないし、知らぬ間に失礼なことをしていると想像したら、恐ろしいですよね。

私も神様のことを何でもわかっているわけではありません。人間同士のように言葉で意思疎通できないからこそ、わからないことだらけ、なのが現実でしょう。

同時に言葉の通じない外国人とも、一定のコミュニケーションを取ることはできます。

相手の言っていることはわからなくとも、笑顔で握手しハグすれば、友好的な気持ちでいることは伝わります。

神様との関係も、似たようなもの。我々の意思や感情は伝わるし、礼儀も失礼も伝わります。神様に敬意をもって接すれば、鏡の反射のごとく、神様も我々に敬意をもって接してくれるでしょう。

本書を、神様との「良き隣人関係」を結ぶ一助としてくだされば幸いです。

何か運のいいことがあったら、私にも教えてくださいね。

2021年8月

リュウ博士こと八木龍平

【参考文献】＊順不同
- 『企画特集3【神奈川の記憶】(98)神道指令と大山〈上〉』朝日新聞デジタル、2018年2月10日配信、http://www.asahi.com/area/kanagawa/articles/MTW20180213150280001.html
- 『私家版 和語辞典』足立晋 著、ファザーズコンサルティング
- 『後醍醐天皇をめぐる三人の斎宮たち：奨子内親王・懽子内親王・祥子内親王』安西奈保子 著、梅光女学院大学日本文学会
- 『日本書紀(上)』井上光貞 監訳、川副武胤、佐伯有清 訳、中央公論新社
- 『合気神髄—合気道開祖・植芝盛平語録』合気会 編集、植芝吉祥丸 監修、八幡書店
- 『「霊魂」を探して』鵜飼秀徳 著、KADOKAWA
- 『「寛治二年白河上皇高野御幸記」をめぐる諸問題』海老沢和子、加藤正賢、羽根田柾稀、手嶋大侑、丸山裕美子 著、愛知県立大学大学院国際文化研究科
- 『龍宮の乙姫と浦島太郎』小笠原孝次、七沢賢治 著、和器出版
- 『現代・神社の信仰分布：その歴史的経緯を考えるために』岡田莊司、加瀬直弥 編、文部科学省21世紀COEプログラム國學院大學「神道と日本文化の国学的研究発信の拠点形成」
- 『夢酔独言』勝小吉 著、勝部真長 編・文、講談社
- 『祭祀の場と「古事記」』祈りの回廊、http://inori.nara-kankou.or.jp/inori/special-interview/kowa11/
- 『縮刷板　神道事典』國學院大學日本文化研究所 編、弘文堂
- 『父子鷹』子母澤寛 著、新潮社
- 『最強の成功哲学書 世界史』神野正史 著、ダイヤモンド社
- 『太平記 ビギナーズ・クラシックス 日本の古典』武田友宏 編、角川学芸出版
- 『増補新版 ヒルコ：棄てられた謎の神』戸矢学 著、河出書房新社
- 『神々と天皇の間：大和朝廷成立の前夜』鳥越憲三郎 著、朝日新聞社
- 『吉野宮をみる視点』中東洋行 著、平成28年度大淀町地域遺産シンポジウム「吉野宮の原像を探る」資料集
- 『新版 古事記 現代語訳付き』中村啓信 訳、角川学芸出版
- 学叢ホームページ版第3号『都久布須麻神社本殿の蒔絵装飾』灰野昭郎 著、京都国立博物館
- 『大祓 知恵のことば—CDブック』葉室頼昭 著、春秋社
- 『天皇即位と大嘗祭：徳島阿波忌部の歴史考』林博章 著、日本地域社会研究所
- 『謎の古代豪族 葛城氏』平林章仁 著、祥伝社
- 『鉄道が変えた社寺参詣：初詣は鉄道とともに生まれ育った』平山昇 著、交通新聞社
- 『市民の古代 別巻2「君が代」は九州王朝の讃歌』古田武彦 著、新泉社
- 『古事記で謎解き ほんとにスゴイ！ 日本』ふわこういちろう 著、サンマーク出版
- 『宗教年鑑 令和2年版』文化庁 編
- 『人間と文明のゆくえ：トインビー生誕100年記念論集』吉沢五郎、川窪啓資 編、日本評論社

ご利益別索引

参拝日	神社	住所
⑱オトタチバナヒメ		
□ 年 月 日	走水神社*	神奈川県横須賀市走水2-12-5
□ 年 月 日	橘樹神社	千葉県茂原市本納738
⑲ククリヒメ		
□ 年 月 日	白山神社	全国各地に2千社
□ 年 月 日	白山比咩神社	石川県白山市三宮町ニ105-1
⑳産土神		
□ 年 月 日	出生地による	各都道府県の神社庁に問い合わせてみてください。

リュウ博士がおすすめする

「金運」「仕事運」「恋愛運」「健康運」ベスト3の神様

ここまでお読みくださり、ありがとうございます。本文では伝えていない私がおすすめするベスト3の神様をこっそり紹介いたします。ご参考までに。

【金運】

1位  **ウカノミタマ** …… P82

2位  **オオモノヌシ** …… P38

3位  **弁才天** …… P112

【仕事運】

1位  **フトダマ** …… P110

2位  **シタテルヒメ** …… P30

3位  **サルタヒコ** …… P164

【恋愛運】

1位  **イワナガヒメ** …… P92

2位  **ヒトコトヌシ** …… P34

3位  **アメノヒリノメ** …… P162

【健康運】

1位  **アマテラス** …… P42

2位  **アヂスキタカヒコネ** …… P28

3位  **スサノオ** …… P94

参拝日	神社	住所
(90)白龍大明神		
□ 年 月 日	**白龍神社**	愛知県名古屋市中村区名駅南1-8-14
□ 年 月 日	**洲崎神社・白龍社**	愛知県名古屋市中区栄1-31-25
(91)善女龍王		
□ 年 月 日	**神泉苑**	京都府京都市中京区御池通神泉苑町東入る門前町167
□ 年 月 日	**醍醐寺・清瀧宮拝殿**	京都府京都市伏見区醍醐東大路町22
□ 年 月 日	**龍穴神社**	奈良県宇陀市室生1297
(92)武内宿禰		
□ 年 月 日	**氣比神宮**	福井県敦賀市曙町11-68
□ 年 月 日	**高良大社**	福岡県久留米市御井町1
□ 年 月 日	**宇倍神社**	鳥取県鳥取市国府町宮下651
(93)大口真神		
□ 年 月 日	**三峯神社**＊	埼玉県秩父市三峰298-1
□ 年 月 日	**武蔵御嶽神社**	東京都青梅市御岳山176
(94)アラハバキ		
□ 年 月 日	**石塔山・荒覇吐神社**	青森県五所川原市大字飯詰（グーグルマップでは石塔山・大山祇神社、国土地理院の地図では十和田神社）
□ 年 月 日	**磐神社**	岩手県奥州市衣川区石神99
□ 年 月 日	**丹内山神社**	岩手県花巻市東和町谷内2-303
□ 年 月 日	**大宮氷川神社**＊・**門客人《もんきゃくじん》神社**	埼玉県さいたま市大宮区高鼻町1-407
(95)トヨカワダキニシンテン		
□ 年 月 日	**豊川稲荷**	愛知県豊川市豊川町1
□ 年 月 日	**豊川稲荷東京別院**	東京都港区元赤坂1-4-7
(96)ウガヤフキアエズ		
□ 年 月 日	**鵜戸神宮**	宮崎県日南市大字宮浦3232
□ 年 月 日	**高千穂神社**＊	宮崎県西臼杵郡高千穂町大字三田井1037
(97)東郷平八郎		
□ 年 月 日	**東郷神社**	東京都渋谷区神宮前1-5-3
□ 年 月 日	**東郷神社**	福岡県福津市渡1815-1

参拝日	神社	住所

㉝神功皇后

参拝日	神社	住所
□ 年 月 日	宇佐神宮＊	大分県宇佐市南宇佐2859
□ 年 月 日	石清水八幡宮＊	京都府八幡市八幡高坊30
□ 年 月 日	筥崎宮	福岡県福岡市東区箱崎1-22-1
□ 年 月 日	八幡神社	全国各地
□ 年 月 日	住吉大社＊	大阪府大阪市住吉区住吉2-9-89
□ 年 月 日	住吉神社＊	山口県下関市一の宮住吉1-11-1
□ 年 月 日	住吉神社＊	上記のほか全国各地
□ 年 月 日	氣比神宮	福井県敦賀市曙町11-68
□ 年 月 日	香椎宮	福岡県福岡市東区香椎4-16-1
□ 年 月 日	宮地嶽神社	福岡県福津市宮司元町7-1

㉞平将門

参拝日	神社	住所
□ 年 月 日	神田神社（神田明神）＊	東京都千代田区外神田2-16-2
□ 年 月 日	築土神社	東京都千代田区九段北1-14-21
□ 年 月 日	鎧神社	東京都新宿区北新宿3-16-18

㉟高麗王若光

参拝日	神社	住所
□ 年 月 日	高麗神社	埼玉県日高市新堀833

㊱吉田松陰

参拝日	神社	住所
□ 年 月 日	松陰神社	東京都世田谷区若林4-35-1
□ 年 月 日	松陰神社	山口県萩市椿東1537
□ 年 月 日	乃木神社・正松《せいしょう》神社	東京都港区赤坂8-11-27

㊲イシコリドメ

参拝日	神社	住所
□ 年 月 日	七所神社	東京都北区西ヶ原2-11-1
□ 年 月 日	鏡《かがみ》作《つくり》坐《にます》天照《あまてる》御《み》魂《たま》神社	奈良県磯城郡田原本町八尾816
□ 年 月 日	中山神社	岡山県津山市一宮695
□ 年 月 日	岩山神社	岡山県新見市上熊谷寺元3928

㊳明治天皇

参拝日	神社	住所
□ 年 月 日	明治神宮	東京都渋谷区代々木神園町1-1
□ 年 月 日	北海道神宮＊	北海道札幌市中央区宮ヶ丘474

㊴九頭龍大神

参拝日	神社	住所
□ 年 月 日	箱根神社＊	神奈川県足柄下郡箱根町元箱根80-1
□ 年 月 日	九頭龍神社・本宮	神奈川県足柄下郡箱根町元箱根88
□ 年 月 日	戸隠神社＊・九頭龍社	長野県長野市戸隠3690

⑱妙見菩薩

参拝日	神社	住所
□ 年 月 日	相馬中村神社＊	福島県相馬市中村字北町140
□ 年 月 日	八代神社＊	熊本県八代市妙見町405
□ 年 月 日	能勢妙見山	大阪府豊能郡能勢町野間中661
□ 年 月 日	能勢妙見山別院	東京都墨田区本所4-6-14
□ 年 月 日	千葉神社＊	千葉県千葉市中央区院内1-16-1
□ 年 月 日	星田妙見宮（小松神社）＊	大阪府交野市星田9-60-1

⑲ホオリ

参拝日	神社	住所
□ 年 月 日	鹿児島神宮＊	鹿児島県霧島市隼人町内2496-1
□ 年 月 日	高屋山上陵	鹿児島県霧島市溝辺町麓菅口
□ 年 月 日	箱根神社＊	神奈川県足柄下郡箱根町元箱根80-1
□ 年 月 日	知立神社	愛知県知立市西町神田12
□ 年 月 日	若狭彦神社・上社	福井県小浜市竜前28-7
□ 年 月 日	海神神社＊	長崎県対馬市峰町木坂247
□ 年 月 日	高千穂神社＊	宮崎県西臼杵郡高千穂町大字三田井1037

⑳トヨタマヒメ

参拝日	神社	住所
□ 年 月 日	豊玉姫神社	鹿児島県南九州市知覧町郡16510
□ 年 月 日	和多都美《わたづみ》神社	長崎県対馬市豊玉町仁位字和宮55
□ 年 月 日	海神神社＊	長崎県対馬市峰町木坂247
□ 年 月 日	若狭姫神社・下社	福井県小浜市遠敷65-41
□ 年 月 日	六所神社＊	愛知県豊田市坂上町地蔵堂23
□ 年 月 日	鹿児島神宮＊	鹿児島県霧島市隼人町内2496-1
□ 年 月 日	高千穂神社＊	宮崎県西臼杵郡高千穂町大字三田井1037

㉑神武天皇

参拝日	神社	住所
□ 年 月 日	橿原神宮	奈良県橿原市久米町934
□ 年 月 日	寶登山神社＊	埼玉県秩父郡長瀞町長瀞1828
□ 年 月 日	神武天皇社	奈良県御所市柏原246
□ 年 月 日	狭野《さの》神社	宮崎県西諸県郡高原町大字蒲牟田117

㉒後醍醐天皇

参拝日	神社	住所
□ 年 月 日	吉野神宮	奈良県吉野郡吉野町吉野山3226
□ 年 月 日	天龍寺	京都府京都市右京区嵯峨天龍寺芒ノ馬場町68

参拝日	神社	住所
⑥⑨東照大権現		
□　　年　月　日	久能山東照宮	静岡県静岡市駿河区根古屋390
□　　年　月　日	日光東照宮	栃木県日光市山内2301
⑦⓪ハニヤスヒメ		
□　　年　月　日	榛名神社	群馬県高崎市榛名山町849
□　　年　月　日	榛名神社	群馬県沼田市榛名町2851
□　　年　月　日	磐椅神社	福島県猪苗代町字西峰6199
⑦①山王権現		
□　　年　月　日	日吉大社*	滋賀県大津市坂本5-1-1
⑦②二荒山大神		
□　　年　月　日	二荒山神社	栃木県日光市山内2307
□　　年　月　日	本宮神社*	栃木県日光市山内2384
□　　年　月　日	滝尾神社	栃木県日光市山内2311
□　　年　月　日	日光二荒山神社中宮祠	栃木県日光市中宮祠2484
⑦③歓喜天		
□　　年　月　日	待乳山聖天	東京都台東区浅草7-4-1
□　　年　月　日	宝山寺(生駒聖天)	奈良県生駒市門前町1-1
⑦④土師真中知		
□　　年　月　日	浅草神社	東京都台東区浅草2-3-1
⑦⑤道臣		
□　　年　月　日	刺田比古神社	和歌山県和歌山市片岡町2-9
□　　年　月　日	住吉大伴神社	京都府京都市右京区龍安寺住吉町1
□　　年　月　日	伴林氏《ともばやしのうじ》神社	大阪府藤井寺市林3丁目6-30
⑦⑥楠木正成		
□　　年　月　日	湊川神社	兵庫県神戸市中央区多聞通3-1-1
□　　年　月　日	建水分《たけみまくり》神社・南木《なぎ》神社	大阪府南河内郡千早赤阪村水分357
⑦⑦山家清兵衛公頼		
□　　年　月　日	和霊神社	高知県高知市神田1540
□　　年　月　日	和霊神社	宮城県仙台市青葉区一番町3-11-15 フォーラス屋上
□　　年　月　日	和霊神社	愛媛県宇和島市和霊町1451

参拝日	神社	住所
⑭サルタヒコ		
□ 年 月 日	六所神社＊	愛知県岡崎市明大寺町字耳取44
□ 年 月 日	椿大神社	三重県鈴鹿市山本町1871
□ 年 月 日	猿田彦神社	三重県伊勢市宇治浦田2-1-10
□ 年 月 日	二見興玉神社	三重県伊勢市二見町江575
□ 年 月 日	白鬚神社	滋賀県高島市鵜川215
□ 年 月 日	佐太神社	島根県松江市鹿島町佐陀宮内73
□ 年 月 日	大麻比古神社＊	徳島県鳴門市大麻町板東字広塚13
□ 年 月 日	荒立《あらたて》神社＊	宮崎県西臼杵郡高千穂町三田井667
⑮シオツチノオジ		
□ 年 月 日	白髭神社	東京都西多摩郡奥多摩町境470
□ 年 月 日	白鬚神社	全国各地
□ 年 月 日	鹽竈神社＊	宮城県塩竈市一森山1-1
□ 年 月 日	六所神社＊	愛知県岡崎市明大寺町字耳取44
□ 年 月 日	六所神社＊	愛知県豊田市坂上町地蔵堂23
⑯アメノタヂカラオ		
□ 年 月 日	戸隠神社＊・奥社	長野県長野市戸隠3690
□ 年 月 日	雄山《おやま》神社	富山県中新川郡立山町に3か所（立山峰1、芦峅寺2、岩峅寺1）
□ 年 月 日	手力雄《てぢからおお》神社	岐阜県岐阜市蔵前6-8-22
□ 年 月 日	佐那神社	三重県多気郡多気町仁田156
□ 年 月 日	天石門別《あめのいわとわけ》神社	大阪府茨木市元町4-3（茨木神社境内）
⑰オモイカネ		
□ 年 月 日	阿智神社	長野県下伊那郡阿智村智里
□ 年 月 日	安布知神社	長野県下伊那郡阿智村駒場
□ 年 月 日	戸隠神社＊・中社	長野県長野市戸隠中社3506
□ 年 月 日	秩父神社＊	埼玉県秩父市番場町1-3
□ 年 月 日	気象神社	東京都杉並区高円寺南4-44-19（氷川神社境内）
⑱アメノウズメ		
□ 年 月 日	車折神社・芸能神社	京都府京都市右京区嵯峨朝日町23
□ 年 月 日	戸隠神社＊・火之御子社	長野県長野市戸隠2410
□ 年 月 日	荒立神社＊	宮崎県西臼杵郡高千穂町三田井667

参拝日	神社	住所
□ 年 月 日	銭洗弁財天宇賀福神社	神奈川県鎌倉市佐助2-25-16
□ 年 月 日	蕪嶋神社	青森県八戸市大字鮫町字鮫56-2
□ 年 月 日	宇賀神社	長野県上水内郡信濃町野尻琵琶島246
□ 年 月 日	不忍池辯天堂	東京都台東区上野公園2-1

㊾八大龍王

□ 年 月 日	八大龍王水神	宮崎県西臼杵郡高千穂町大字岩戸6521
□ 年 月 日	八大之宮	宮崎県西臼杵郡高千穂町馬生木
□ 年 月 日	都久夫須麻神社＊	滋賀県長浜市早崎町1665
□ 年 月 日	八大龍神社	愛知県蒲郡市竹島町3-15（八百富神社境内）

㊿安倍晴明

□ 年 月 日	晴明神社	京都府京都市上京区晴明町806（堀川通一条上ル）
□ 年 月 日	安倍晴明神社	大阪府大阪市阿倍野区阿倍野元町5-16
□ 年 月 日	名古屋晴明神社	愛知県名古屋市千種区清明山1丁目6

(61)豊国大明神

□ 年 月 日	豊国神社	京都府京都市東山区大和大路通正面茶屋町530
□ 年 月 日	豊國神社	大阪府大阪市中央区大阪城2-1
□ 年 月 日	妙法院	京都府京都市東山区妙法院前側町447
□ 年 月 日	新日吉神宮	京都府京都市東山区妙法院前側町451-1
□ 年 月 日	豊国《ほうこく》神社	滋賀県長浜市南呉服町6-37
□ 年 月 日	豊国神社	愛知県名古屋市中村区中村町木下屋敷

(62)タケミナカタ

□ 年 月 日	諏訪大社・上社本宮	長野県諏訪市中洲宮山1
□ 年 月 日	諏訪大社・上社前宮	長野県茅野市宮川2030
□ 年 月 日	諏訪大社・下社春宮	長野県諏訪郡下諏訪町193
□ 年 月 日	諏訪大社・下社秋宮	長野県諏訪郡下諏訪町5828
□ 年 月 日	諏訪神社	全国各地

(63)アメノヒリノメ

□ 年 月 日	洲崎神社	千葉県館山市洲崎1344
□ 年 月 日	洲宮《すのみや》神社	千葉県館山市洲宮921
□ 年 月 日	品川神社	東京都品川区北品川3-7-15
□ 年 月 日	洲《す》崎《さき》大神《おおかみ》	神奈川県横浜市神奈川区青木町5-29

参拝日	神社	住所
⑤①トヨクモノ		
□ 年 月 日	比々多神社	神奈川県伊勢原市三ノ宮1472
⑤②アメノヒワシ		
□ 年 月 日	鷲神社*	東京都台東区千束3-18-7
□ 年 月 日	忌部神社	徳島県徳島市二軒屋町2-53-1
⑤③ヒルコ(エビス)		
□ 年 月 日	西宮神社	兵庫県西宮市社家町1-17
□ 年 月 日	恵比須神社、恵比寿神社	全国各地
□ 年 月 日	今宮戎神社	大阪府大阪市浪速区恵美須西1-6-10
□ 年 月 日	京都ゑびす神社	京都府京都市東山区小松町125
□ 年 月 日	三嶋大社*	静岡県三島市大宮町2-1-5
⑤④毘沙門天		
□ 年 月 日	朝護孫子寺	奈良県生駒郡平群町信貴山2280-1
□ 年 月 日	鞍馬寺	京都府京都市左京区鞍馬本町1074
⑤⑤オシクマノミコ		
□ 年 月 日	劔神社(織田明神)*	福井県丹生郡越前町織田113-1
□ 年 月 日	押熊八幡神社・忍熊皇子社	奈良県奈良市押熊町287
⑤⑥オモダル・アヤカシコネ		
□ 年 月 日	第六天神社(大六天神社)	関東を中心に存在
□ 年 月 日	武蔵第六天神社	埼玉県さいたま市岩槻区大戸1752
□ 年 月 日	穏田神社	東京都渋谷区神宮前5-26-6
⑤⑦カグツチ		
□ 年 月 日	愛宕神社	京都府京都市右京区嵯峨愛宕町1
□ 年 月 日	産田神社	三重県熊野市有馬町1814
□ 年 月 日	花窟神社	三重県熊野市有馬町上地130
□ 年 月 日	愛宕神社	東京都港区愛宕1-5-3
□ 年 月 日	愛宕神社	上記以外の全国各地
□ 年 月 日	秋葉山本宮秋葉神社	静岡県浜松市天竜区春野町領家841
□ 年 月 日	秋葉神社	上記以外の全国各地
⑤⑧宇賀神		
□ 年 月 日	宝厳寺*	滋賀県長浜市早崎町1664-1
□ 年 月 日	都久夫須麻神社*	滋賀県長浜市早崎町1665

参拝日	神社	住所
㊺ヤマトヒメ		
□ 年 月 日	伊勢神宮内宮の別宮・倭姫宮	三重県伊勢市楠部町5
□ 年 月 日	東京大神宮*	東京都千代田区富士見2-4-1
㊻ヤマトタケル		
□ 年 月 日	妙義神社	群馬県富岡市妙義町妙義6
□ 年 月 日	三峯神社*	埼玉県秩父市三峰298-1
□ 年 月 日	寶登山神社*	埼玉県秩父郡長瀞町長瀞1828
□ 年 月 日	走水神社*	神奈川県横須賀市走水2-12-5
□ 年 月 日	熱田神宮	愛知県名古屋市熱田区神宮1-1-1
□ 年 月 日	鷲神社*	東京都台東区千束3-18-7
□ 年 月 日	花園神社	東京都新宿区新宿5-17-3
□ 年 月 日	大鳥大社	大阪府堺市西区鳳北町1-1-2
□ 年 月 日	大鳥神社	全国各地
㊼クニノトコタチ		
□ 年 月 日	吉田神社・大元宮	京都府京都市左京区吉田神楽岡町30
□ 年 月 日	御岩神社	茨城県日立市入四間町752
□ 年 月 日	城南宮	京都府京都市伏見区中島鳥羽離宮町7
□ 年 月 日	玉置神社	奈良県吉野郡十津川村玉置川1
□ 年 月 日	熊野速玉大社	和歌山県新宮市新宮1
㊽アメノミナカヌシ		
□ 年 月 日	相馬中村神社*	福島県相馬市中村字北町140
□ 年 月 日	千葉神社*	千葉県千葉市中央区院内1-16-1
□ 年 月 日	星田妙見宮(小松神社)*	大阪府交野市星田9-60-1
□ 年 月 日	八代神社*	熊本県八代市妙見町405
□ 年 月 日	秩父神社*	埼玉県秩父市番場町1-3
□ 年 月 日	水天宮	福岡県久留米市や東京都中央区など全国各地
㊾タマノオヤ		
□ 年 月 日	玉祖神社	山口県防府市大字大崎1690
□ 年 月 日	玉作湯神社	島根県松江市玉湯町玉造508
㊿寒川大明神		
□ 年 月 日	寒川神社	神奈川県高座郡寒川町宮山3916
□ 年 月 日	福地八幡宮(渡辺大明神)	山梨県富士吉田市下吉田1-12-26

参拝日	神社	住所
□ 年 月 日	湯殿山神社	山形県鶴岡市羽黒町手向字手向7
□ 年 月 日	梅宮大社	京都府京都市右京区梅津フケノ川町30

㊴フトダマ

□ 年 月 日	安房神社	千葉県館山市大神宮589
□ 年 月 日	天太玉命神社	奈良県橿原市忌部町153
□ 年 月 日	金札宮	京都府京都市伏見区鷹匠町8
□ 年 月 日	大麻比古神社*	徳島県鳴門市大麻町板東字広塚13

㊵弁才天

□ 年 月 日	江島神社	神奈川県藤沢市江の島2-3-8
□ 年 月 日	宝厳寺*	滋賀県長浜市早崎町1664-1
□ 年 月 日	大願寺	広島県廿日市市宮島町3
□ 年 月 日	天河大辨財天社	奈良県吉野郡天川村坪内107

㊶コノハナサクヤヒメ

□ 年 月 日	浅間神社	全国各地
□ 年 月 日	富士山本宮浅間大社	静岡県富士宮市宮町1-1
□ 年 月 日	北口本宮冨士浅間神社	山梨県富士吉田市上吉田5558
□ 年 月 日	高千穂神社*	宮崎県西臼杵郡高千穂町大字三田井1037

㊷シナツヒコ

□ 年 月 日	伊勢神宮内宮*　風日祈宮	三重県伊勢市宇治館町1
□ 年 月 日	伊勢神宮外宮　風宮	三重県伊勢市豊川町279
□ 年 月 日	龍田大社	奈良県生駒郡三郷町立野南1-29-1
□ 年 月 日	小物忌神社	山形県酒田市山楯字三之宮48
□ 年 月 日	田無神社	東京都西東京市田無町3-7-4

㊸ミヅハノメ

□ 年 月 日	丹生川上神社	奈良県吉野郡東吉野村大字小968
□ 年 月 日	油日《あぶらひ》神社	滋賀県甲賀市甲賀町油日1042
□ 年 月 日	味水《うましみず》御井《みい》神社	福岡県久留米市御井町朝妻1-5

㊹トヨウケビメ

□ 年 月 日	籠神社*・奥宮の眞名井神社	京都府宮津市字大垣430
□ 年 月 日	豊受神社	千葉県浦安市猫実3-13-1
□ 年 月 日	廣瀬大社	奈良県北葛城郡河合町川合99

参拝日	神社	住所
㉝スサノオ		
□ 年 月 日	大宮氷川神社*	埼玉県さいたま市大宮区高鼻町1-407
□ 年 月 日	八坂神社	京都府京都市東山区祇園町北側625
□ 年 月 日	氷川神社、八坂神社	上記のほか全国各地
□ 年 月 日	熊野大社	島根県松江市八雲町熊野2451
□ 年 月 日	熊野本宮大社	和歌山県田辺市本宮町本宮1110
□ 年 月 日	劔神社(織田明神)*	福井県丹生郡越前町織田113-1
㉞宗像三女神		
□ 年 月 日	宗像大社	福岡県宗像市田島2331
□ 年 月 日	厳島神社	広島県廿日市市宮島町1-1
□ 年 月 日	善知鳥《うとう》神社	青森県青森市安方2-7-18
□ 年 月 日	宗像神社、厳島神社	上記以外の全国各地
㉟クシナダヒメ		
□ 年 月 日	八重垣神社	島根県松江市佐草町227
□ 年 月 日	六所神社	神奈川県中郡大磯町国府本郷935
□ 年 月 日	須我神社	島根県雲南市大東町須賀260
□ 年 月 日	大宮氷川神社*	埼玉県さいたま市大宮区高鼻町1-407
㊱アメノオシホミミ		
□ 年 月 日	伊豆山神社	静岡県熱海市伊豆山708-1
□ 年 月 日	英彦山神宮	福岡県田川郡添田町大字英彦山1
□ 年 月 日	西寒多神社	大分県大分市寒田1644
□ 年 月 日	天手長男神社	長崎県壱岐市郷ノ浦町田中触730
㊲ニニギ		
□ 年 月 日	箱根神社*	神奈川県足柄下郡箱根町元箱根80-1
□ 年 月 日	高千穂神社*	宮崎県西臼杵郡高千穂町大字三田井1037
□ 年 月 日	新田神社	鹿児島県薩摩川内市宮内町1935-2
□ 年 月 日	霧島神宮	鹿児島県霧島市霧島田口2608-5
□ 年 月 日	射水神社	富山県高岡市古城1-1
㊳オオヤマツミ		
□ 年 月 日	三嶋大社*	静岡県三島市大宮町2-1-5
□ 年 月 日	大山祇神社	愛媛県今治市大三島町宮浦3327
□ 年 月 日	大山阿夫利神社	神奈川県伊勢原市大山355
□ 年 月 日	大山祇神社、三島神社、山神社	上記以外の全国各地

参拝日	神社	住所
㉖イマキノカミ		
□ 年 月 日	平野神社	京都府京都市北区平野宮本町1
㉗ウカノミタマ		
□ 年 月 日	伏見稲荷大社	京都府京都市伏見区深草薮之内町68
□ 年 月 日	稲荷神社	全国各地
㉘オオヤマクイ		
□ 年 月 日	松尾大社	京都府京都市西京区嵐山宮町3
□ 年 月 日	日吉大社＊	滋賀県大津市坂本5-1-1
□ 年 月 日	日枝神社	東京都千代田区永田町2-10-5
㉙天満大自在天神		
□ 年 月 日	太宰府天満宮	福岡県太宰府市宰府4-7-1
□ 年 月 日	北野天満宮	京都府京都市上京区馬喰町
□ 年 月 日	天満宮、天満神社、菅原神社、天神社	全国各地
□ 年 月 日	防府天満宮	山口県防府市松崎町14-1
㉚御歳神		
□ 年 月 日	葛木御歳神社	奈良県御所市東持田269
□ 年 月 日	大歳御祖神社	静岡県静岡市葵区宮ヶ崎町102-1
□ 年 月 日	飛騨一宮水無神社	岐阜県高山市一之宮町5323
□ 年 月 日	大歳神社	関西・東海各地、山口県
㉛タマヨリヒメ		
□ 年 月 日	賀茂御祖神社（下鴨神社）＊	京都府京都市左京区下鴨泉川町59
□ 年 月 日	御蔭神社＊	京都府京都市左京区上高野東山207
□ 年 月 日	玉前《たまさき》神社	千葉県長生郡一宮町一宮3048
□ 年 月 日	知立《ちりゅう》神社	愛知県知立市西町神田12
□ 年 月 日	宮崎神宮	宮崎県宮崎市神宮2-4-1
□ 年 月 日	高千穂神社＊	宮崎県西臼杵郡高千穂町大字三田井1037
㉜イワナガヒメ		
□ 年 月 日	貴船神社・結社	京都府京都市左京区鞍馬貴船町187
□ 年 月 日	雲見浅間神社	静岡県賀茂郡松崎町雲見386-2
□ 年 月 日	大室山浅間神社	静岡県伊東市富戸
□ 年 月 日	伊豆神社	岐阜県岐阜市切通3-12-49
□ 年 月 日	細石神社	福岡県糸島市三雲432

	参拝日	神社	住所
☐	年　月　日	自凝神社	兵庫県南あわじ市沼島73
☐	年　月　日	おのころ島神社	兵庫県南あわじ市榎列下幡多415
☐	年　月　日	多賀大社	滋賀県犬上郡多賀町多賀604

⑳タケミカヅチ

☐	年　月　日	鹿島神宮	茨城県鹿嶋市宮中2306-1
☐	年　月　日	春日大社＊	奈良県奈良市春日野町160
☐	年　月　日	鹽竈神社＊	宮城県塩竈市一森山1-1

㉑フツヌシ

☐	年　月　日	香取神宮	千葉県香取市香取1697-1
☐	年　月　日	春日大社＊	奈良県奈良市春日野町160
☐	年　月　日	鹽竈神社＊	宮城県塩竈市一森山1-1
☐	年　月　日	沼尾神社	茨城県鹿嶋市大字沼尾1298
☐	年　月　日	香取神社	東北・関東・長野各地

㉒アメノコヤネ

☐	年　月　日	春日大社＊	奈良県奈良市春日野町160
☐	年　月　日	枚岡神社	大阪府東大阪市出雲井町7-16

㉓オオナムチ・スクナビコナ

☐	年　月　日	北海道神宮＊	北海道札幌市中央区宮ヶ丘474
☐	年　月　日	酒列《さかつら》磯《いそ》前《さき》神社	茨城県ひたちなか市磯崎町4607-2
☐	年　月　日	神田神社（神田明神）＊	東京都千代田区外神田2-16-2
☐	年　月　日	淡嶋神社	和歌山県和歌山市加太118
☐	年　月　日	大穴持《おおなむぢ》神社	鹿児島県霧島市国分広瀬3-1089

㉔藤原鎌足

☐	年　月　日	談山神社	奈良県桜井市多武峰319
☐	年　月　日	下生鎌足神社	茨城県鹿嶋市宮中3354
☐	年　月　日	鎌足神社	福島県須賀川市中宿2
☐	年　月　日	鎌足稲荷神社	神奈川県鎌倉市浄明寺3-8-31

㉕カモタケツヌミ

☐	年　月　日	賀茂御祖神社（下鴨神社）＊	京都府京都市左京区下鴨泉川町59
☐	年　月　日	御蔭神社＊	京都府京都市左京区上高野東山207
☐	年　月　日	八咫烏神社	奈良県宇陀市榛原高塚42

参拝日	神社	住所
□ 年 月 日	玉津島神社	和歌山県和歌山市和歌浦中3-4-26
□ 年 月 日	丹生都比売神社	和歌山県伊都郡かつらぎ町上天野230
□ 年 月 日	伊射波神社	三重県鳥羽市安楽島町1020

⑬八幡神

□ 年 月 日	石清水八幡宮＊	京都府八幡市八幡高坊30
□ 年 月 日	宇佐神宮＊	大分県宇佐市南宇佐2859
□ 年 月 日	鶴岡八幡宮	神奈川県鎌倉市雪ノ下2-1-31
□ 年 月 日	筥崎宮《はこざきぐう》	福岡県福岡市東区箱崎1-22-1
□ 年 月 日	大崎八幡宮	宮城県仙台市青葉区八幡4-6-1

⑭キビツヒコ

□ 年 月 日	吉備津神社	岡山県岡山市北区吉備津931
□ 年 月 日	吉備津彦神社	岡山県岡山市北区一宮1043

⑮ニギハヤヒ

□ 年 月 日	石切劔箭神社	大阪府東大阪市東石切町1-1-1
□ 年 月 日	磐船神社	大阪府交野市私市9-19-1
□ 年 月 日	籠神社＊	京都府宮津市字大垣430
□ 年 月 日	藤白神社	和歌山県海南市藤白466
□ 年 月 日	飛行神社	京都府八幡市八幡土井44
□ 年 月 日	物部神社	島根県太田市など本州各地

⑯ツキヨミ

□ 年 月 日	月読神社	京都府京都市西京区松室山添町15
□ 年 月 日	浦嶋神社	京都府与謝郡伊根町本庄浜191
□ 年 月 日	月讀宮	三重県伊勢市中村町742-1
□ 年 月 日	月夜見宮	三重県伊勢市宮後1-3-19

⑰祓戸大神（祓戸四神）

□ 年 月 日	佐久奈度神社	滋賀県大津市大石中1-2-1
□ 年 月 日	祓戸神社	全国各地

⑱タカミムスビ・カミムスビ

□ 年 月 日	命主社	島根県出雲市大社町杵築東185
□ 年 月 日	高天彦神社	奈良県御所市北窪158
□ 年 月 日	東京大神宮＊	東京都千代田区富士見2-4-1

⑲イザナミ・イザナギ

□ 年 月 日	伊弉諾神宮	兵庫県淡路市多賀740

参拝日	神社	住所
□ 年 月 日	金刀比羅宮《ことひらぐう》	香川県仲多度郡琴平町892-1
□ 年 月 日	金刀比羅神社、琴平神社、金比羅神社	全国各地

⑦ヤマトオオクニタマノカミ

参拝日	神社	住所
□ 年 月 日	大和神社	奈良県天理市新泉町306
□ 年 月 日	大和大国魂神社	兵庫県南あわじ市榎列上幡多857
□ 年 月 日	倭大国魂神社	徳島県美馬市美馬町字東宮ノ上3
□ 年 月 日	青海神社	新潟県加茂市大字加茂229

⑧アマテラス

参拝日	神社	住所
□ 年 月 日	伊勢神宮内宮＊	三重県伊勢市宇治館町1
□ 年 月 日	開成山大神宮	福島県郡山市開成3-1-38
□ 年 月 日	山口大神宮＊	山口県山口市滝町4-4
□ 年 月 日	神明社、神明宮、神明神社	全国各地

⑨住吉三神

参拝日	神社	住所
□ 年 月 日	住吉神社＊	山口県下関市一の宮住吉1-11-1
□ 年 月 日	住吉大社＊	大阪府大阪市住吉区住吉2-9-89
□ 年 月 日	住吉神社	福岡県福岡市博多区住吉3-1-51
□ 年 月 日	住吉神社	長崎県壱岐市芦辺町住吉東触470
□ 年 月 日	住吉神社＊	上記のほか全国各地

⑩ワタツミ

参拝日	神社	住所
□ 年 月 日	志賀海神社	福岡県福岡市志賀島877
□ 年 月 日	風浪宮	福岡県大川市大字酒見726-1
□ 年 月 日	鹿児島神社	鹿児島県鹿児島市草牟田2-58-3
□ 年 月 日	沼名前《ぬなくま》神社	広島県福山市鞆町後地1225
□ 年 月 日	穂高神社	長野県安曇野市穂高6079
□ 年 月 日	綿津見神社、海神社、海津見神社	全国各地

⑪アマテラス荒魂

参拝日	神社	住所
□ 年 月 日	伊勢神宮内宮の荒祭宮＊	三重県伊勢市宇治館町1
□ 年 月 日	廣田神社	兵庫県西宮市大社町7-7
□ 年 月 日	山口大神宮＊	山口県山口市滝町4-4

⑫ワカヒルメ

参拝日	神社	住所
□ 年 月 日	生田神社	兵庫県神戸市中央区下山手通1-2-1

神様別おすすめの神社・お寺

神様別におすすめの寺社を紹介。ご参拝したことのある場所は、□にチェックし、参拝日をわかる範囲で書いてみましょう。また、これから行く人もどんどん埋めていってください。ちなみに、神社によって、本書で紹介している神様がさらに祭られている場合があります。ぜひ、行く前、もしくは行ったときにチェックし、参拝後は、神様の名の右側に、書き込んでみてください。神社名に「＊」があるものは、このインデックス内にいる神様も一緒に祭られているので、参考にしてください。

参拝日	神社	住所
①アヂスキタカヒコネ		
□　　年　月　日	高鴨神社	奈良県御所市鴨神1110
□　　年　月　日	石都々古和気《いわつつこわけ》神社	福島県石川郡石川町字下泉296
□　　年　月　日	土佐神社	高知県高知市一宮しなね2-16-1
□　　年　月　日	本宮神社＊	栃木県日光市山内2384
②シタテルヒメ		
□　　年　月　日	比売許曽《ひめこそ》神社	大阪府大阪市東成区東小橋3-8-14
□　　年　月　日	下照姫神社	福岡県福岡市博多区祇園町8-21
□　　年　月　日	長柄《ながら》神社	奈良県御所市名柄271
③コトシロヌシ		
□　　年　月　日	美保神社	島根県松江市美保関町美保関608
□　　年　月　日	長田神社	兵庫県神戸市長田区長田町3-1-1
□　　年　月　日	鴨都波神社	奈良県御所市宮前町514
④ヒトコトヌシ		
□　　年　月　日	鳴無神社	高知県須崎市浦ノ内東分字鳴無3579
□　　年　月　日	葛城坐一言主神社	奈良県御所市森脇432
□　　年　月　日	一言主神社	茨城県常総市大塚戸町875
⑤オオクニヌシ		
□　　年　月　日	出雲大社	島根県出雲市大社町杵築東195
□　　年　月　日	各地の出雲大社分祠	神奈川県秦野市、東京都六本木、大阪府堺市など
□　　年　月　日	北海道神宮＊	北海道札幌市中央区宮ヶ丘474
□　　年　月　日	大國魂神社	東京都府中市宮町3-1
□　　年　月　日	出雲大神宮	京都府亀岡市千歳町千歳出雲無番地
⑥オオモノヌシ		
□　　年　月　日	大神神社	奈良県桜井市三輪1422

［著者］
八木龍平（やぎ・りゅうへい）
1975年、京都市生まれ。博士（知識科学）。
スピリチュアルな感覚を活用する社会心理学者。
科学とスピリチュアルを組み合わせた今までにない「神社分析」が好評を博し、『成功している人は、なぜ神社に行くのか？』（サンマーク出版）はまたたくまに27万部超のベストセラーに。
NTTコムウェアのシステムエンジニア、富士通研究所シニアリサーチャー、北陸先端科学技術大学院大学・客員准教授、青山学院大学・非常勤講師などを歴任。性格分析やコミュニケーションの学術論文を出版する社会心理学者である。2006年度コンピュータ利用教育学会（CIEC）学会賞・論文賞。
現在は武蔵野学院大学・兼任講師として「情報リテラシー」を教えるかたわら、ブログや神社ツアーで「リュウ博士」と呼ばれ活躍中。全国の企業・団体での講演や、神社ツアーには、毎回多くの参加者が集まり、人気を博している。

最強の神様100

2021年８月24日　第１刷発行
2024年10月10日　第５刷発行

著　者――八木龍平
発行所――ダイヤモンド社
〒150-8409　東京都渋谷区神宮前6-12-17
https://www.diamond.co.jp/
電話／03･5778･7233（編集）　03･5778･7240（販売）

装丁･本文デザイン―大谷昌稔
イラスト――朝倉千夏
製作進行――ダイヤモンド・グラフィック社
印刷・製本―三松堂
編集担当――武井康一郎

ISBN 978-4-478-11346-2